FLOWER
LABORATORY

いつもの外回りの道があまりに暑く、ゆがんで見えた。
都会のビル群は陽光にギラギラ輝き、影にすら、水たまりのように熱気がたまっているようだ。

衝動的に道端の喫茶店に入った。

同じような状況で入ってきたのか、店は人でいっぱいだった。
わずかに空いたカウンター席に座る。

キンキンの冷房に心が洗われるようだ。

アイスコーヒーを頼んで、しばらくぼんやりしていた。


隣の人が席を立った。

荷物はそのままだ。手洗いらしい。

ぼんやり背中を見送っていると、ずるずるっ、ドン！と音がして、その人の荷物が椅子から落ちた。


ふだんなら、こういうとき、手を出さない。

物取りなどを疑われても困るからだ。

しかし、このときは、熱気で頭がぼうっとしていた。

反射的に、「落ちたものは、元に戻さねばならない」と、体が動いた。

ビジネスリュックを、ショルダーストラップをつかんで、ぐいっと椅子の上に引っ張り上げた。

するとまずいことに、開いていたリュックのポケットから、何かがこぼれ落ちた。

あわててそれもひろった。

文庫本だ。

ひろい上げるとさらに、何かがころがり落ちた。

ペンだった。

どうやら、文庫本に、ペンがはさんであったのだ。

どこにはさまっていたのか、わからなくなってしまった。

完全に気が動転して、どのページかわかるわけもないのに、本を開いてペンがあったはずの場所を探そうとした。

デタラメに開いたページに、目が吸い込まれた。


おお神よ、わたしを金敷きの上に横たえてください。

わたしを叩き打ちのめして、鋼鉄の釘《くぎ》にしてください。

摩天楼を組み立てる梁《はり》に打ち込んでください。

赤く灼《や》けた鋲《タペット》を取って、わたしを中央の梁にしっかりと留めてください。

青い夜を突き抜け、白い星々の中にそびえる摩天楼を支《ささ》える大釘にしてください。

「お客さんのカバンが落ちたので、ひろってくれたんですよ」

声がして、はっと顔を上げた。

隣の席の人が、戻ってきたのだ。

勝手に本を開いている私の姿を見て、怪訝な面持ちのその人に、お店の人が状況説明をしてくれたのだった。

すみません、この本が落ちて、ペンも落ちて、どこにはさまっていたのかわからなくて。

どうも、ああ、そのページでした。

その人は私の手のなかの本を指さした。
ホッとして、手にしていたペンをそこにはさみ、文庫本を手わたした。

ここを読んだんですか。

本の持ち主にそう聞かれて、私はふたたび、はっとした。
そうだ。そのページに読み入って、一瞬、我を忘れていた。
この時空にいなかった。

なんとなく読んでしまって。すみません。

どうでしたか。

……わかりません、いいことか、イヤなことか。わからなかった。

摩天楼って、ここらへんのみたいなビルのことを言うんですよね。

そうですね。自分は田舎で育ったんですが、大人になって、こういうところで働くようになって。

最初はね、釘とか歯車とかは、絶対イヤだと思っていました。

でも、最近、ほんとうの釘とか歯車とかになるのは、すごく大変だろうと。

そういうのが、世の中をつくっていて。

居場所って、そういうことだろうと。

その人は、少し照れたように笑って、小さく会釈して、店を出て行った。

しばらくして人心地ついて、仕事に戻ることにした。

外に出ると、ふたたび嘘のような熱風に煽られる。

ふたたび見上げたビル群が、さっきとは少し違って見えた。

これを支える大釘になるとは、どういうことだろう。

勇気がわくような、げんなりするような、妙な気持ちがした。

あの人もそうなのだ、と思うと、胸が熱くなった。

（引用部「鋼鉄の祈り」『サンドバーグ詩集』安藤一郎・河野一郎　訳　新潮文庫）

3年の星占い 2021-2023

virgo

乙女座

石井ゆかり

すみれ書房

「役割」が、心を自由にする

はじめに

こんにちは、石井ゆかりです。

本書は、いわゆる「西洋占星術」の手法で、２０２１年から２０２３年の流れを読み解く本です。

星占いは今日とてもポピュラーで、その手法もだんだんと世に広まってきています。私が星占いを学び始めた20数年前とは、隔世の感があります。

星占いは厳密には「誕生日で区切った、12種類の性格占い」ではありません。

たとえば「私は乙女座です」と言うとき、これは正確には「私が生まれた瞬間、空の乙女座のエリアに、太陽が位置していました」ということになります。

一般に言う「12星座占い」は、正確には「太陽星座占い（生まれたときの太陽の位置を基準にした占い）」です。

いわば、生まれたときからあなたのなかに輝き続けている太陽と、今、天に光っている星々が、たがいに呼び合う声を聴く、そんな占いが「星占い」なのです。


本書は「3年」という時間の流れを射程に入れています。

「3年」には、「石の上にも三年」「桃栗三年柿八年」のように、「ある程度時間がかかることが完成する期間」というイメージがあります。

実際、日本では中学校や高校は3年で卒業です。

であれば、この「3年」の入り口で何かしら目標を掲げたら、3年後にはそれが叶っている可能性が高い、と言えるかもしれません。

星の動きから見ても、2021年から2023年は星座を問わず、特に「時間のかかる目標」を掲げるのにふさわしいタイミングです。

というのも、2020年12月に起こった「グレート・コンジャンクション（木星と土星の会合）」は、約200年を刻む「時代」の節目となっていました。

産業革命に始まった資本の時代、お金とモノの所有が人々の目標となった「地の時代」が終わり、新たに「風の時代」、すなわち、知や関係性、情報、コミュニケーション、テクノロジー、ネットワークなどが力を持つ時代が始まったのです。

2020年はみなさんも体験された通り、「いつも通りの生活」が世界規模で吹き飛ばされる時間となりました。

多くの人が命を落とす悲劇が起こりました。さらに、生き延びた人々の多くが、大切なものを失い、生き方そのものを変更せざるを得なくなりました。

過去200年のなかで私たちが培った価値観のいくばくかは、思いがけないかたちで消え去ったのです。

占星術を知る人々のあいだでは「2020年は大変な年になりそうだ」という予測は多くなされていて、私自身、そうしたコメントを雑誌などに出してはいたのですが、これほどのことが起こるとは想像していませんでした。むしろ、もっと人為的な、大きな国際紛争などが起こるのではないかと考えていたのです。最後の「地の星座の時間」は、文字通り大自然に震撼させられる年となりました。

そして、「風の星座の200年」の幕開け、2021年が到来します。

「風の時代」の始まりの2021年、多くの人が新たな価値観を選び、生き方を選び、新しい夢を描くことになるでしょう。

多くの悲しみと苦悩の向こうで、人々は、希望をつかもうとするはずです。

これまでできなかったことも、できるようになるかもしれません。

かつてとはまったく違う「新しい自分」に出会えるかもしれません。

本書を手に取ったあなたの心も、すでに新しい時間の息吹を、少しずつでも感じ取っているはずです。


何かを新しく始めるときや、未知の世界に歩を進めるときは、だれでも不安や恐怖を感じるものだと思います。

この3年のなかで、あなたもそんな「始まりへの怯え」を感じる場面があるかもしれません。

そんなとき、本書から「大丈夫だよ！」という声を聞き取っていただけたなら、これほどうれしいことはありません！

3年の星占い 乙女座 2021年-2023年◎目次

第2章 1年ごとのメモ

第3章 テーマ別の占い

ブックデザイン
石松あや
（しまりすデザインセンター）

イラスト
本田亮

DTP
つむらともこ

校正
鷗来堂

第1章

3年間の風景

3年間の風景

《2021年から2023年の乙女座を、ひとつの「風景」として描いてみます。そのあとで、「風景」に見えたもの（文中ハイライト）をひとつずつ、日常的・具体的な言葉で読みといていきます》

あなたは、**レンガを積んでいます。**

ほかにも職人が何人かいるなかで、あなたはそれぞれの持ち場を指示しつつ、協力してレンガを積んでいます。

このレンガ積みの仕事は、**長く付き合っている大工の棟梁から請け負ったものです。**

レンガを積みながら、あなたは「この家には、どんな人が住むのかな」と想像していました。

するとある日、**案内人**に連れられて、**ひとりの人物**が訪れました。

その人に深々と挨拶をした棟梁は、この家はその人のものだ、と教えてくれました。


家が完成に近づくにしたがって、施主は何度も現場にやってきました。

その都度、案内人もいっしょだったので、あなたは案内人とだんだん、親しくなっていきました。

また、施主の質問に答えて、あれこれ説明をするうち、そこでの暮らしを思い描くようになりました。

この施主はとても素敵な人物で、この人と家のことについて話し合っていると、生活や人生ということへ目を開かれる思いがしました。

だんだんと、あなたのなかに「家を建てて、そこにだれかと暮らす」ことへのあこがれが高まりました。

やがてあなたは、**案内人と恋に落ちました。**

ふたりは、いっしょに家を建てて暮らすことに決めました。

時間をかけて自分たちの家を建て、今やパートナーとなった案内人とあなたは、**ふたりで幸せな暮らしを始めました。**

パートナーには親族や友人がたくさんいて、家にはいつも、縁ある人々が集いました。

たくさんの人間関係に揉まれる、にぎやかな日々が続きました。

必要とし、必要とされることの喜びを味わえました。

あなたはレンガを積む仕事をずっと続けてきましたが、自分の家を建ててみて、

「自分も大工の棟梁や、もっと大きな仕事をしてみたい」と思うようになりました。**勉強して、もっとむずかしい仕事ができるようになりたい**、という気持ちになったのです。

それは、パートナーとのこれからの人生を思ってのことでもありました。

あなたは、家をつくる技術を学ぶために、学校に入ることにしました。

学校は、家のある街からは、少し離れた都市にあります。

あなたはしばらく家を出て、パートナーと離れて住むことになりました。

休みの日にはかならず帰ることを約束し、あなたは家をあとにしました。

パートナーは少しさみしそうでしたが、あなたの決断を応援し、快く見送ってくれました。

これから、**学びのための旅**が始まるのだ、とあなたは思いました。

「風景」の解説

乙女座の２０２１年から２０２３年は、「人との関わり」を中心に動いていきます。

人間関係には、実にさまざまな種類のものがあります。家族との関係から交友関係、学校や職場、地域の人々、遠くは有名人、はるか過去の人々や未来の人々との関わりまで、バリエーションに富んだ「関係性」が存在します。

自分というひとりの人間がいて、その自分がたとえば30人ほどの人と関わりながら生きているとすれば、関係性は30通りです。

向こうから見た関係性も考慮すると、実に60通りの関係性が存在します。

相手が変われば、関わり方が変わり、自分の表情や語る言葉も変わってきます。

「仲良し3人組」のような、いつもいっしょにいるような友だちのグループであっても、自分がそのなかのAさんに対して見せる態度と、Bさんに対する態度とは、「完全に同じ」ではないはずです。


雇用関係があり、支配関係があり、上下関係があり、交友関係があり、経済関係があり、敵対関係があり、恋愛関係があります。「友だちの友だち」のような関係もあります。

2021年から2023年にあなたが取り組むのは、こうした関係のすべてです。特に、「身内」ではなく「他者」とのいろいろな関係のかたちを生き、そこで起こることに目を開くことになります。

ゆたかな関わりや、おたがいに成長を促し合えるような関わりには、大いに充たされ、深い喜びを感じられるでしょう。

一方、理不尽な関係や苦痛をもたらすような関わりのあり方には、変更を求め、改善を試み、ときには、背を向けることになるかもしれません。

人間関係は、仕事や責任と同様「イヤなら、やめればいい」という短絡的な選択がしにくい分野です。

「嫌いなら関わらなければいい」
「面倒なことがあるなら、連絡を絶ち切ればいい」
と簡単に言う向きもあります。

たしかに、それができるような、一対一だけの単純な関係もあります。

でも、複雑な経済関係やまわりの人々とのつながりがあり、その結びつきを失ったとき大きな問題が生じるようなケースも多々あります。

たとえば、子どもが仲良くしている友だちの親とは、「絶交」などは避けたいものです。

パートナーとしての心情的結びつきが破綻していても、子育てや生活のために婚姻関係を続けている人々もいます。

相手が身体的に弱っていて、助けを必要としている場合、そりが合わないからといって関係を切ることは、「見捨てる」ことになってしまいます。

こうした複雑な関わり合いのなかで、私たちは揉まれ、心を痛め、深く考え、ときに、大きく成長を遂げます。

現代社会では、面倒な関わりやつらい結びつきを、「お金を介したサービス」に置き換えて、ストレスを解消しようとする動きも見られます。

たとえば、退職届を自分で出すのが怖い場合、それを専門に代行する業者があるそうです。

そんなふうに、できるかぎり「関わり」を、「お金を介した手続き」に置き換えられたとしても、まだ残るものが、少しはあるはずです。

２０２１年から２０２３年のなかであなたが体験するのは、そうした「関わり」の森をゆく、不思議な冒険なのです。

・「レンガを積む」仕事、協力して取り組む請負仕事

２０２１年は、平たく言うと「仕事が始まる」年です。

「レンガを積む仕事」は、毎日続いていく自分のスケジュールをたとえたものです。

文字通り、転職する人も多いでしょう。

2020年の年末までに転職を決め、2021年から本格的に新天地で活動を始める、という展開もありそうです。

2021年にスタートする「仕事」は、「役割」「任務」「技能」「日々のタスク」「ルーティンワーク」のようなイメージです。

子どもや学生なら「カリキュラム」「時間割」と言い換えてもいいかもしれません。

たとえば、小学生のころ、夏休みが始まる前に「1日の時間割」を書かされた記憶はないでしょうか。

円グラフのようなものに、1日24時間の目盛りが打ってあって、朝起きて、ラジオ体操に行き、ごはんを食べて、朝顔に水をやり、宿題をやり……といったように、夜寝るまでの活動時間を割り振っていくのです。

子どもは「遊ぶのが仕事」であり、「勉強するのが仕事」でもあり、朝顔やヘチマの水やり、家事の手伝いなども、立派な「仕事」です。

「2021年は、仕事が始まる年」というのは、このような意味での「仕事」です。決して、「外に出て働いている大人だけに関係がある」というようなことではありません。病気の人なら、療養が仕事です。ネコなら、寝て遊んでごはんをたべるのが仕事です。

ならば「仕事」と言うよりは、「日々の活動」と言うほうが合っているかもしれません。そこをあえて「仕事」という言葉を使ったのは、2021年に始まるのは、「他者と関わった上での活動」だからです。

子どもの夏休みの「時間割」にも、他者との関わりがさまざまに織り込まれています。ラジオ体操に行けばスタンプを押してくれる近所の人がいましたし、お手伝いは家族との役割分担ですし、宿題は先生との約束です。

これは、「風景」のなかの「大工の棟梁」との関係に重なります。

簡単に断ったり、勝手にやめてしまったりすることができません。

自分だけの都合で決まらない部分が、「仕事」にはたくさんあります。

だからこそ「仕事」なのです。


他者がいて、自分がいて、自分の活動がある。

そのイメージを、「仕事」という言葉であらわしてみたわけです。


私が子どもだったころ、気持ちだけは「おりこうさん」で描いた「夏休みの時間割」は、なかなか守れませんでした。

でも、大人になってからも、私たちは目に見えない「時間割」を、心に刻み、あるいはバーティカル手帳に可視化したりしながら生活しています。

２０２１年は、そんな「時間割」がリニューアルされるような年です。タスクの内容が変わり、時間が変わり、周囲の人たちとの関わり方も変化していくでしょう。

ひとたび時間割をつくってみても、実際に動いてみると、うまくいかないこともあります。その場合は、時間割のナカミを何度も変えてみて、うまくいくパターンを探し出す必要があります。

夏休みの時間割は、うまくいかなくてもそのまま先生に提出してしまいます。ですが本当なら、うまくできなかった場合は、「明日こそちゃんとしよう！」と精神論に向かうのではなく、「時間割自体に無理があるのかも」と考えなければならないのです。

この3年間のなかで、あなたは何度も「時間割」、つまり「仕事」の内容を考え、変更し、時間を調整しながら、真に自分に合った毎日のあり方を探り出すことになるでしょう。

・案内人、施主

この3年間は、乙女座の人々にとって「出会い」の季節です。「運命的」と思えるような出会いがあり、実際に、人生が変わっていきます。

「風景」では、家の施主との出会い、そして、その人を案内してきた人物との出会いを描いてみました。

「出会い」にはもちろん、「街角で出会いがしらにぶつかって、ひと目惚れで恋に落ちる！」といったストレートでシンプルなものも、なくはありません。

ですが、ひとつの縁が次の縁につながるような、飛び石をとんとんとわたっていくような、少し複雑なプロセスのほうが、より現実的なのではないかと思います。

家の施主との出会いと、案内人との出会いは、つながっています。

２０２１年から２０２２年、あなたもそんなふうに、ステップを踏むような、ある連なりのなかで、大事な出会いをいくつも経験するのかもしれません。

施主との対話は、主人公にとって、あくまで「仕事の上の話」でした。でも、その話のなかには、施主のこれからの暮らし、理想の生活、価値観などが色濃く反映されていました。

主人公はその話のなかに、自分がまだ見たことのない風景を見て、あこがれたのです。

２０２１年から２０２２年ごろの乙女座の「出会い」は、新しい価値観やあこがれとの出会いでもあります。

もしかするとこの「あこがれ」は、2012年ごろからあなたのなかに、漠然と育ちつつあったものかもしれません。

「家をつくりながら、特別な個性を持った施主と語り合う」という具体的体験が、その漠たる願いに「かたちを与えた」ということなのかもしれません。

・恋愛、パートナーとの幸福な暮らし

「風景」の主人公のように、新しい出会いを経験する人も多いでしょう。

あるいは、すでにいるパートナーとの関係が、新しいものに変わっていくのかもしれません。

2020年の「コロナ禍」では、外出自粛やテレワークなどといった環境で、いっしょにいることに疲れたカップルが離婚を選んだ、というコラムをよく見かけました。

ですが実際は、離婚は減り、パートナーシップがよいほうに向かった、というカップルのほうが多かったのではないか、という統計があるそうです。

コロナ禍で離婚に至ったのは、もともと関係が破綻気味だったカップルであって、それより多くの不安定なカップルや、すれ違い気味のカップルは、関係を「取り戻す」ことができたのではないか、という分析もありました。

「いっしょにいること」は、基本的には、心が触れ合うことであり、語り合う時間が増えることであり、いいことなのです。

ある心理学の実験では、「顔を見る回数が増える」だけで、その人への好感度が増したそうです。

人間が「ともに生きようとする」のは、シンプルに言えば「いっしょにいようとする」ことなのだろうと思います。

「結婚」は、現代では役所に紙を出して、式を挙げたり挙げなかったりする行為を意味します。

ですが、大昔から人間の精神的な世界では、異なる者同士が結合し、そこに新しい何かが生まれることを「結婚」になぞらえてきました。

たとえば神話の世界では、天と地が結婚し、光と闇が結婚し、太陽と月が結婚してきたのです。

性別や社会的枠組みのようなものを超えて、命はほかの命と結合し、融合して、新しい自分へと生まれ変わります。

この3年のなかで、乙女座の人々が体験するのは、そうした結合、融合であろうと思います。

だれかの人生と自分の人生が交わり、そこで、新しい人生に出会うような体験ができるのです。

この3年間のなかで、新たにパートナーを得る人もいれば、パートナーシップ自体の「深化」を経験する人もいるでしょう。

あるいはもっと別のかたちで、前述のような神話的な「結婚」を体験する人もいるかもしれません。

人と人との結びつきは、恋愛関係にとどまりません。多くの人がタッグを組み、コンビを組み、バッテリーを組んで闘おうとします。

この3年のなかで、そうした「相方」を見つけ出す人も少なくないはずです。

・たくさんの人間関係に揉まれる、にぎやかでおもしろい日々

ひとつの人間関係は、ほかの人間関係を連れてきます。

たとえばパートナーの親や兄弟姉妹、親族などは、その代表です。

友だちがひとりできると、その向こうに数人の友だちがいて、たいてい、いつかは顔を合わせることになります。

この3年のなかで、あなたはそうした「関係の向こうにある関係」にも、飛び込んでいくことになりそうです。

ただ紹介されたり、挨拶したりするだけにとどまらず、いつのまにか頼ったり頼られたりし、おたがいの人生に踏み込み合うことになるかもしれません。

必要とされる場面があり、相手を必要とする場面もあって、さらに、そのすべてが「順風満帆」とはいかないかもしれません。

仲良くすることは、同時に、イライラすることでもあります。

どんなに認め合った仲良し同士でも、相手の欠点が気になったり、ガマンしたりしている部分はあるでしょう。

親しい関係ができると、当然、感情のこじれやもつれも生じます。おごったりおごられたりの感覚が合わず、不公平感を抱き続けるような状況も出てきます。

そうしたややこしさも含めて、すべて「関わり」です。


グレープフルーツに苦みがあり、すももに酸味があり、桃の表面がケバケバしているように、どんなに芳醇で甘いものにも、何かしら引っかかるものはあります。

でも、その「引っかかり」によって、果物自体の美質が失われるわけではありません。むしろそのえぐみや引っかかりこそが、その果物の際立った個性となり、「好きになる理由」となる場合もあります。

人間関係の「ややこしさ」の多くは、人生のドラマの「おもしろさ」につながっています。

この3年のなかで、あなたは人間関係の「まるごと」を味わうことになるのです。

もちろん、深く傷つけられたり、あまりにも理不尽な不利益を被ったりしたら、距離を置いたり、法的な手段に訴えたりする必要もあるでしょう。

なんでもかんでも受け入れるわけにはいきません。

ただ、人間関係のなかにあるささやかなややこしさ、微妙さ、苛立ちなどを、完全に「NG」にしてしまうと、「関わり」自体の存続はむずかしいのです。

乙女座のあなたはもともと、人間の変容を信じ、楽しむ力を持っています。「人は変わるものだ」という前提に立つあなたは、人を決めつけたり、簡単に切り捨てたりはしません。たとえケンカして絶交しても、しばらくすると関係の復活を試みることもよくあるはずです。

ですから、他人の欠点に苛立ち、理不尽さに怒りを感じても、「この人も学ぶはずだ」「この人にもいいところはある」というふうに、とてもダイナミックにとらえ直し、関わりを持続することができるのです。

この3年のなかで、あなたはそうした自分の才能を再発見できそうです。

この時期あなたを必要とし、信頼する人は、あなたのその器の大きさ、かぎりない心のやわらかさに気づき、強く惹きつけられているはずです。

・必要とし、必要とされることの喜び

役割を持ち、役割を果たすことは、乙女座の人生のひとつのテーマです。

また、人のニーズを満たすこと、人の役に立つことは、乙女座の心の、もっとも充実するところです。

この3年間は、そうしたいわば「乙女座の専門分野」が、勢いよく活性化し、練り上げられ、鍛え上げられる時期となっています。

たとえばレンガ職人の役割と、建築家の役割は、大きく異なります。

やるべきことも、知っていなければならないことも、見えている範囲も、まった

く違います。

2021年から2023年のなかで、あなたの役割のかたちや大きさ、内容は、そんなふうに、大きく変化していくでしょう。

具体的には、たとえば会社のなかで昇進し、管理職になるようなことが挙げられます。一スタッフとして働くことと、スタッフをまとめる立場に立つこととは、まるで違うことです。求められることも変わりますし、自分自身の発想が根っこから変わっていくようなプロセスです。

あるいは、たとえば子どもを持つことで、役割の概念が一変する人もいます。これまでは「親の娘」だったのが、子どもを産んだ瞬間「娘の親」に変わる、といった変化です。

こうした「役割の変化」は、人々との「関係の変化」と同時並行的に展開します。リーダーになったとたん、周囲から敬語を使われるようになります。「親の娘」から「娘の親」に変わったら、甘える側から甘えを受け止める側に変わることになります。

変化に慣れるには、時間がかかります。

すぐには対応できないこともありますし、自分の役割の変化と関係性の変化に「気づかない」状態で長くすごしてしまうこともあります。

学生から社会人になって、「いつまでも学生気分ではダメだぞ」と言われるような現象がそれです。

変えるべきスタンスを変えられないまま進んでいくと、たいていどこかでつまずきます。トラブルが起こってはじめて「なるほど、自分はもう、こういう立場なんだな」と理解し、そこが本当のスタートラインとなります。

もとい、乙女座の人々の多くは、自分の役割や期待されていることに、とても敏感です。ゆえに、「失敗してはじめて気づく」というタイプのスタートにはなりにくいようです。

ただ、この時期あなたに巡ってくる任務や仕事、役割は、「少し背伸びをしないとできないこと」かもしれません。完璧主義のあなたとしては、「今の自分には無理、断りたい」と思うかもしれません。

でも、この時期は、背伸びが必要な役割を引き受けることこそが、成長への道なのです。避けて通れない道、いつかはきっと通る道なのです。

・「もっとむずかしい仕事」のための学び

2019年ごろから、あなたはかつてとは少し違ったことを学び始めているのではないでしょうか。

とても新しい分野や、新しいテクノロジーに関すること、時代の流行に関係すること、あるいは人間の心理や精神に関すること、または神秘的な世界などに興味を持ち、学び始めた人もいるかもしれません。

さらに、過去の自分が「古い価値観や無意味な伝統に縛られていた」と感じ、自分を解放するような「自由への学び」をスタートさせた人もいるでしょう。

こうした「新しい学び」は、この3年のなかで、あなたの仕事や役割と強く結びつきます。

ただ興味があるから学ぶ、ということにとどまらず、毎日の活動のなかでその知識を必要とし、どんどん吸収していくことになるのです。

知識や経験は、人をどんどん自由にします。

たとえば、外国に住み始めて、その地で使われる言語を使いこなせないうちは、牢獄のような窮屈さ、孤独を感じざるを得ません。ですが少しずつ話せるようになり、やがて相手の言うことをほとんど理解できるようになると、先の窮屈な牢獄から脱出し、新しい自由を手に入れることができます。

転職活動ひとつとっても、資格や技能があると、選択の自由は飛躍的に広がります。「ある種の隷属状態から脱するために学ぶ」人は、今の時代も決して、珍しくないのです。

この時期の学びは、あなたをなんらかの意味で、どんどん「自由にしてくれる」でしょう。学べば学ぶほど、新しい自由の風を感じられるはずです。

・学びのための旅

2020年から、旅はとてもむずかしいこととなりました。

でも、この3年のなかで、あなたは何かしら「遠出」や「移動」を経験することになりそうです。

あるいは、2024年までのなかで、移動を完了するのかもしれません。

この旅や移動もまた、あなたを「自由にする」プロセスの一環です。

「風景」のなかでは「学びのための旅」としましたが、実際、留学などの計画を実行する人もいるだろうと思います。

第2章

1年ごとのメモ

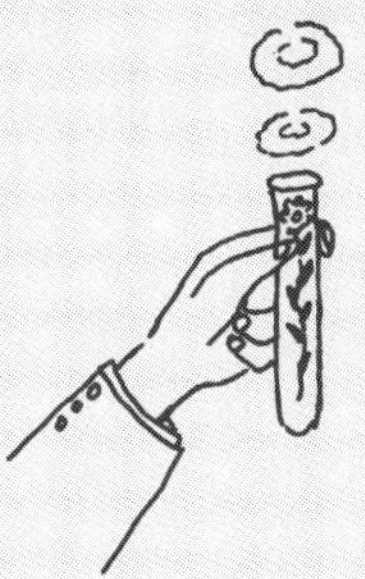

2021年——役割と自由

・「役割」の神秘

「やりたいことを、やりなさい」

子どものころや若いころは、よくそんなことを言われます。

でも、たとえば就職活動という場では、「やりたいこと」をやれる場を探しても、ちっとも見つからないこともあります。

また、「音楽で食べていきたい」と言ったら「音楽で食べていけると思うのか」と説教される人もいます。

社会における「役割」は、「やりたいこと」と「世の中のニーズ」が出会ったところに、かろうじて生まれます。

心からやりたいことを仕事にできる人もいますが、それ以外のパターンもたくさんあります。

社会的役割は、あくまで世の中との関係、人間関係のなかで「生じる」ものです。

2021年、乙女座の人々の多くが「自分の新しい役割」に出会います。もとい、役割との出会い自体は、2020年のなかで起こっていたかもしれません。

出会ったあとに、関わりを深めていくのは、人間関係と同じです。

新しい役割には、最初はなじめません。

何をしたらいいかわからないこともあります。

勝手がわからないなかで、毎日経験を少しずつ積み重ね、やがてその役割が、はき慣れた靴のようにぴったり体になじみます。

こうなると、周囲からもたいてい「その役割は、あなたにしか任せられない！」と言われたりします。

2020年から2021年に出会った「新しい役割」は、2023年春までのあいだに、あなたの心身にぴったりとフィットするようになるでしょう。

とはいえ、これも「新しい靴」に似て、最初は靴ずれを起こしたりする場合もあります。窮屈なら、その部分をほぐしたり、伸ばしたりすることも考えなければなりません。つまり、周囲と相談したり、調整したりしながら、「役割」を拡張したり、やわらかくしたりすることもできるはずです。

靴を選ぶには試着がつきものですが、役割も同じです。

「あのポジションは自分に合うはずだ」と思っても、実際にやってみなければ、本当に「合う」かどうかわからないのです。

たとえば、バンドの結成譚などで、「ボーカルが突然やめてしまい、ドラムの自分が試しに歌ってみたら、案外イケたので、そのままボーカルになった」といったエピソードをよく耳にします。

この人はバンドのボーカルという役割と、偶然「出会った」ことになります。

こうした「役割との出会い」は、とても神秘的です。

あれこれ画策したわけでもなく、強く希望したわけでもなく、その役割がふと「回って」くる。こうした不思議な巡り会いが、2020年から2021年のあなたの世界に、訪れるかもしれません。

・経験が教えてくれる「自由」

一般に「役割」は、人を縛ることもあります。

「仕事が忙しくて遊ぶ暇がない」「介護があるから旅行に行けない」などの制約を、

多くの人が抱えています。

一方、「役割」によって、自由を得る人もいます。

たとえば、仕事を見つけて働き出したことで、抑圧的な両親のもとを離れ、自由な生活を得た、といったケースです。

あるいは、自分ができることが長いあいだ見つからなかったのに、やっと自分に合った仕事を見つけた！　という人は、晴れやかな解放を感じるでしょう。

２０２１年にあなたが出会ってなじんでいく「役割」は、不思議と、あなたを自由に解放する力を持っているようです。

特に、より広い世界に出てゆく自由、より広やかな価値観を持つ自由へと、あなたを押し出してくれるのです。

たとえば、子どものころに「学校の先生」や「ケーキ屋さん」になりたい人が多いのは、「それがいちばんよくわかっている職業だから」という理由が含まれています。

知らない仕事にあこがれることはできないのです。

ゆえに、成長して、世の中には実にさまざまな仕事がある、とわかってくると、選択肢は飛躍的に増え、「選択の自由」が広がります。

ひとつの仕事について、あるポジションで経験を積むと、スキルが身につきます。「そのスキルがあれば、どこへ行っても通用するよ」「どこに出しても恥ずかしくない実力が身についたね」と言われたら、それは、「新しい自由が手に入った」ことを意味します。

経験は、別世界へのチケットやパスポートとして役に立つのです。

そんなふうに、「経験」は、人を自由にしてくれるのです。

　さらに「経験」は、人を「学び」へと導きます。

　ただ教科書をわたされて「おぼえなさい」と言われても、なかなか頭に入るものではありません。

　一方、たとえば旅行で見て感動した美しいお城についての歴史なら、自然に頭に入りますし、「もっと知りたい」という思いがわいてきます。

　親しい友だちから「実はある城主の末裔なんだ」と聞いたら、そのお城や先祖のことについてなんとなく興味がわくでしょう。

　自分が毎日取り組んでいる仕事や活動に関係のあることなら、なおさらです。

「これは仕事に役立つかもしれない」と思うと、それだけですいすい身につく知識があります。体のなかに蓄積された経験が、それと関係のある知識を、磁石のようにぐんぐん吸い付けるのです。

　そして、「知識」「学び」もまた、人の精神を自由に解放してくれます。

2021年から2023年春のなかで、あなたは「役割」を通した経験を積み、その経験をもとに多くを学ぶでしょう。そこで学んだことは、あなたをより広い、新しい世界へと解放することになります。

・愛の高まり

2021年11月から2022年3月頭は、乙女座の人々にとってこれ以上ないほど熱い「愛の季節」となっています。

自分がほしいと思うもの、愛しいと思えるものに、いつになくまっすぐに向かっていけるでしょう。

この時期の「愛」は、抑圧的なところも、自制的なところも、あまり見られません。むしろ、生き物としての官能がストレートに爆発するような、荒ぶる生命力に満ちあふれています。自分のなかにこれほどの愛の情熱が秘められていたことに、自分でも驚かされるかもしれません。

これまであなたのなかに眠っていた愛情や情熱、クリエイティブな才能など、いろいろな力が、マグマの噴火のように地中から外界へと噴き上がり、大きな姿を現すかもしれません。

あなたのなかに激しい衝動が渦巻き、「行動しないではいられない！」という状態になるかもしれません。

人生のもっとも肯定的な、絶対的な部分にスイッチが入り、あなたを内側から突き動かしていく時期です。

２０２０年にしっかり準備し、つくりあげた愛と創造の世界が、ここで大いに盛り上がる！という展開になるのかもしれません。

２０２０年に苦労してつくった美しい花園で、２０２１年11月から２０２２年３月頭、盛大にパーティーを開くことになるのかもしれません。

・健康と生活

2021年のテーマのひとつに「健康と生活」があります。「健康的な生活」というと、食事に気をつけて、運動を心がけるなど、ストイックで自制的なイメージが思い浮かぶかもしれません。「きちんとする」「丁寧な暮らし」などの言葉を連想する人もいるでしょう。

でも、2021年の「健康と生活」は、そうしたキヨラカで自制的な、ルールに縛られるようなものではありません。そうではなく、「今の自分の調子に、生き方を合わせる」ような調整作業が主なテーマとなるはずなのです。

小さな靴や服に合わせて、自分の体を小さくしようとするのは、あまりよい生き方とは言えないと思います。

むしろ、自分の体のサイズに合わせて、心地よくゆったりした服や靴を用意するのが、「健康的」な発想ではないでしょうか。

「もっとちゃんとしなければ！」などと自分にダメ出しをしまくることをやめ、「今の自分がいちばん気持ちよく、伸び伸びとすごすにはどうしたらいいのだろう」という方向で考えていくと、生活がどんどん開かれ、生きやすくなります。

もしかすると「ちゃんとしなければ！」という考え方そのものを手放す必要があるのかもしれません。

「ちゃんと」と考えているその「ちゃんと」は、どういうことなのか、なんのためなのか、それを掘り下げてみると、意外と「空っぽ」なのかもしれません。

・「非対称性」というテーマ

「非対称性」という言葉を、最近、よく目にします。この言葉は主に、経済学やビジネスの場で「情報の非対称性」というかたちで用いられるようです。

ある商品を売る側は、その商品についてたくさんの情報を持っていますが、購入する側は、それほどでもない場合がほとんどです。

売り手と買い手の立場はあくまで対等であるはずなのに、片方しか商品のことをよく知らないのは、「非対称」だと言うのです。

「非対称性」は、経済やビジネス以外の場でも当たり前にあります。

たとえば学校の「先生と生徒」がそうです。

先生は圧倒的な知識を持っており、人生経験も生徒よりは豊富です。生徒は、そんな先生を前にして、言いたいことを自由に言えない場合が多いはずです。先生が何かまちがったことを言って、生徒がそれに気づいても、もともと立場が対等ではなく「非対称」なので、先生に堂々と反論することは、むずかしいわけです。

もちろん、なかには勇気ある生徒もいて、先生を批判するかもしれません。

でも、ほかの生徒たちが「非対称性」のなかにあるかぎり、この勇気ある生徒にみんなが同調して声が大きくなっていく、ということは、あまり期待できません。

「先生に嫌われたら、成績が悪くなるのではないか」「親に連絡されるのではないか」など、さまざまな理由から、みんな口をつぐんでしまうことも考えられます。

上司と部下、先輩と後輩、親と子、人種や性差など、さまざまな条件のもとで、私たちは「非対称的な関係」を生きています。

本来、人間として対等であるべきなのに、「立場を入れ換えたら、びっくりするほど景色が変わる」という関係性は、とてもたくさんあります。

たとえば「男として責任をとる」とはよく言われます。それにくらべて「女として責任をとる」という言い方は、耳慣れない感じがします。

これは、単なる「言葉づかい」の話に過ぎません。

でも、私たちは、言葉を使ってものを考え、言葉を使って人と関わります。

こうした「非対称性」を、私たちはごく当たり前に受け止めて生きています。

目立った問題が起こらないあいだ、私たちは「非対称性」に気づきません。相当ひどい状況に置かれていても、その状況に慣れきっている場合、私たちはまったく疑問を抱くことができません。

それが、あるときふと、きっかけを得て、「この状況はおかしい」ということに気づかされます。ですが、「非対称性」の関係性のなかにどっぷり浸かっているなかでは、なかなかその「おかしさ」を解消することができないのです。

2021年、あなたは自分の役割を真正面から受け止めると同時に、その「非対称性」に気づき始めるかもしれません。

その状況がもし、あなたを傷つけたり、あなたの生き方を抑えつけたりしているなら、そこから脱出する方法を、模索し始められるかもしれません。

2022年——出会いと関わりの年

2022年は「出会いの年」です。

もともと、「出会い」の時間自体は、2021年5月なかばから7月にかけて、すでにちらりと始まっていました。

2022年は、その出会いが、軌道に乗り始めます。

「その人」との関係がゆたかさを増し、急成長を遂げます。

パートナーを得る人、結婚する人もいるでしょう。

ビジネスパートナーや「相棒」「相方」のような存在に巡り会う人もいるかもしれません。また「すでに知っているだれか」が、その位置に立つことになるのかもしれません。

知人が友人に、友人がさらに親密な親友や家族に変わるかもしれません。

上司や部下、先輩や後輩、先生や生徒など、あくまで役割の上で関わっていた人々と、より人間的な、一対一の対等な関係を育てていくことになるのかもしれません。

距離感のあった相手と「関係をつくる」ことができるかもしれません。

すでにある親密な関係を、もっと深くゆたかなものへと変えていけるかもしれません。

ケンカしていた相手と、仲直りできるかもしれません。

誤解を解いて、関係を再構築できるかもしれません。

・10年来の謎

２０１２年ごろから、あなたはさまざまな人間関係について、不安や「謎」を抱えてきたところがあるようです。

漠然とした疑問、見えないヴェール、「何かありそうで、なさそうで、なんなのかわからない」という曖昧な関わり。そうしたものを前にして、「それでも、ここには思いの交流が存在する」と、信じ続けてきたのかもしれません。

そうした漠たる直観に、「かたち」がもたらされるのが、この２０２２年です。たとえば、曖昧な態度をとり続けていた相手が、その真意を語り始めるかもしれません。

微妙な態度が、相手の不思議な心づかいだったとわかるのかもしれません。

あるいは、相手がひそかに大きな悲しみを抱えながら、あなたにそれを見せないようにしていた、ということが判明するのかもしれません。

具体的なかたちや言葉を得た「関わり」は、飛躍的にあつかいやすくなります。

2022年の人間関係は、ただ「うまくいく」とか「好きになる」とかいったわかりやすい展開を超えて、とても深い精神の触れ合いや心の交流をもたらします。

そこでは、借り物のような言葉や、当たり障りのない受け答えは、まったく意味を持ちません。

あるいは、言葉自体が役に立たないような場面もあるかもしれません。

この時期の人間関係をどう生きるか、ということは、2012年ごろからあなたが抱え続け、見つめ続けてきた謎への答えになるはずです。

・秋から年明けにまたがる、大チャレンジ

2022年8月下旬から2023年3月にかけて、「大挑戦」の時間となってい

ます。

何かしら思いきった目標を掲げ、「勝負に出る」人が少なくないでしょう。

人からのあと押しを得て、この挑戦が実現するのかもしれません。あるいは経済的な理由により、思いきったチャレンジが可能になるのかもしれません。挑戦に必要なリソースを、だれかが提供してくれます。

また「いっしょに戦おう！」と言ってくれる人がいて、決心がつくのかもしれません。

この時期の「挑戦」を前にして、あなたは自分の実力不足を不安に思う気配があります。

「今の自分の力では、この勝負は無謀なのではないか」と感じられるかもしれません。ですがその一方で、過去2年ほどのなかで鍛えてきた自分の力を「試してみたい」という気持ちもわいてくるはずです。

もちろん、勝負に出るかどうかは、あなた自身が選択できます。

でも、この時期のあなたは、この挑戦が自分を大きく育ててくれるチャンスだということを、よくわかっているはずです。

自信のなさは、向上心の強さであり、自分への期待の高さです。

自分への点がからい人、すなわち自分に課すものが大きい人ほど、この時期の挑戦を選び取る理由があるはずです。

・「出会い」の不思議

この時期の人間関係は、あなたのためのものです。

ここで関わった人はきっと、あなたを救ってくれます。

ですが一般に、そうした「救い」を受け止めることを、恐れる人もいます。

「この人は『あなたがいい』と言ってくれるが、本当に私でいいのだろうか。この人を幸せにできるのは、私ではなく、もっと素敵な人なのではないだろうか」

こうした悩みを、何度も目にしてきました。

「自分に自信がない」という人は、たくさんいます。

だれにでも欠点はありますし、完璧な人などいません。

今、目の前にいて求愛してくれているその人は、自分の欠点をまだよく知らないし、あとになって「失敗した」と思うのではないか。そう感じてしまう気持ちは、よくわかります。

私自身も、たとえば「この仕事は、私なんかよりずっとよくできる人がいる」「本当に私がこの案件を引き受けていいのだろうか」という思いをしょっちゅう、抱いています。

ただ「自分よりずっといい人がいるのだから、自分はこの出会いに背を向けるべきだ」という考え方は、はたして正しいのでしょうか。

私は、そうは思いません。

ほかの人とくらべて「自分ではダメなのではないか」という考えはナンセンスです。

なぜなら、「出会い」は決して、お店で服を選ぶようなことではないからです。

同じようなスペックの商品をずらっと並べて、どれがいちばん優れているかを考えて選ぼうとするイメージは、「出会い」ではありません。

少なくとも、商品を選択しようとするようなまなざしは、人間から人間に向けられるべきではないと思います。

相手が「商品を選ぶように人間を選んでいるのだ」「商品と同じように優劣を比較して人を選ぶべきだ」と考えることは、その人に対して失礼なことだ、と言ってもいいかもしれません。

たとえば、昔のお見合いでは「ご縁があったのだから、行ってみよう」という考え方がありました。

今のように、しっかり時間をかけて「おつきあい」をして、可能ならば同棲までしてから結婚を考えるという時間がなかったころ、人々は「縁」というシステムを採用したのです。

「似たようなものを横並びに並べて、あれこれくらべて選ぶ」という損得勘定的発想は、そこには存在しません。

もちろん、話を持ってきた人の意見や、ほかの縁談との比較はあったかもしれません。でも、いざ「対面」してしまったら、そこにはひとつの縁が生まれます。結ばれても、結ばれなかったとしても、ひとつの出会いがあったのです。

出会いは、本質的には「選択」できません。

「縁」という言葉は、この特別な、一回的な偶然性を説明するために編み出された言葉だと思います。

一度出会ってしまえば、出会ったという事実が生まれます。お店の商品なら「元通り、棚に戻す」ことで縁が消えます。その点、人間同士は、「出会わなかったことにする」「出会う前の状態に戻す」ことは、不可能なのです。

ひとつの出会いがあって、少しつきあってみて、「やっぱり、この人とは合わない」と感じたとしても、やはりそれは、「お店で気に入った服を試着したら、やっぱり気に入らなかった」のとは違う現象です。

試着しても買わなかった服は、元通りまっさらな「商品」です。

でも、出会ってしまったら、そのあと離れたとしても、おたがいのなかにおたがいの記憶が残ります。人生のなかに、微かにでも、痕跡が生じます。

その人とその期間ともにあって、学ぶことや活きるべきテーマが何かしらあった、ということなのだと思います。

もちろん、ときには、よいとは言えないような「縁」もあります。

たとえば、パートナーとなったあとに、ＤＶやモラハラに遭い、深く傷つけられてしまう、といった場合です。「意味」など考えるまでもなく、すぐに脱出を図るべきケースも多々あります。

ただ、今の時代は「人にこっそり相談する方法」が存在します。

通信システムの発達により、多くの人が個々に携帯電話を持っています。

いろいろなサポート機関、支援団体などを検索して探すこともできます。

ひと昔前では、なかなかできなかったことです。

人生は、なんでもかんでもいいことだけが起こるというわけではありません。

溺れたら助けを求めることも、「縁」のひとつなのだと思います。

2023年——「贈与」と「宇宙旅行」の年

2023年は、「贈与」と「宇宙旅行」の年です。

5月なかばまでが「贈与」の時間で、5月なかば以降が「宇宙旅行」の時間です。

「贈与」の時間は、2022年の5月から10月ごろ、すでにスタートしていました。

だれかがあなたに、素敵なものを贈ってくれるでしょう。

それはギフトであり、同時に、リレーのバトンのように「託される」ものでもあります。

受け取った当初は、「これは、自分のためのギフトだ」と思えないかもしれません。

でも、それはたしかに、あなたのための、価値あるギフトです。

このギフトは、あなたの望みを叶えるために、とても役に立つでしょう。


5月以降の「宇宙旅行」は、もちろん、比喩です。

通常なら「冒険の年」と書くところですが、この時期の「冒険」には、宇宙船のような乗り物を使えるようなのです。

たとえば有名な観光地や、だれもが知っている乗り物は、この時期の「冒険」には、あまりフィットしません。

あなた自身、まったく未知の場所や、だれも見たことのない景色、新世界を求める衝動に突き動かされていくことになるでしょう。


もっとも、このくだりを書いているのは、コロナ禍の終息がまだ見えていない2020年です。

２０２３年に「旅行」が自由にできるようになっているかどうか、わかりません。でも、もし「旅行」がかつてのように自由にできなかったとしても、あなたの精神や生き方は、やはり「見たことのない風景」のほうへと解き放たれるでしょう。星占いの世界では、物理的に旅をすることと、知的に「トリップ」すること、すなわち、智者の話を聞いたり、本を読んだり、新しいことを学んだりすることは、同じ世界に属しています。

旅と学びは、ひとつのことなのです。

２０２３年5月なかばから２０２４年5月まで、乙女座の人々の多くが、とても新しいことを学び、新しい自由へのチケットを手に入れることになります。

そして（少々フライングですが）、２０２４年なかば以降、飛躍と大活躍の日々に突入していくのです。

・境界線を越える

私たちは、個人として独立しています。
私は私、あなたはあなたです。
人間と人間のあいだには、境界線があります。

でも、人生のなかではときどき、そうした境界線が消えてしまったような状態になることがあります。

他人と自分の人生が一体化したような瞬間。
愛する人と自分の体の境界が、よくわからなくなるような瞬間。
複数人がお金を出し合って、ひとつの活動を実現する瞬間。
ある人が人生を賭けて築き上げたものを「継承」するとき。

こうしたとき、他者と自分のあいだにあったはずの境界線が、とても曖昧になります。

自分とだれかのあいだにある境界線が消えたとき、私たちは非常にドラマティックな体験をします。自分の人生が世界に向かって開かれ、特別な結びつきを得たように感じられるのです。

たとえば、長い歴史を持つ伝統的な技芸の「後継者」として認められたとき、その人は、自分という存在が、長い長い歴史の一部に組み込まれた、と感じることでしょう。

ひいおばあちゃんからおばあちゃんが、おばあちゃんからお母さんが受け継いできた古い、上等な和服を自分のために仕立て直すとき、それは自分のものであると同時に、自分の子孫のものでもある、と感じられるかもしれません。

自分の人生に、さらに大きな時間の河が流入し、厳かな気持ちになるでしょう。


「境界線を越える」体験は、こうした前向きな、よい経験ばかりではありません。

たとえば性的な交流を持つとき、だれもが妊娠や感染症という健康上のリスクにさらされます。

財産を相続したとき、争いが起こったり、人間関係が決裂したり、場合によっては詐欺などの犯罪の被害者となってしまうこともあります。

伝統的な家業を受け継いだのはいいけれど、その仕事が自分に合っていなかったため、長いこと苦しむ、といったケースもあります。


2023年、あなたは他者とのあいだにあるなんらかの境界線を、ダイナミックに越えていくことになります。そこには特別な人生の体験と、少しのリスクが伴います。

ですがどんな展開になるにせよ、結果的には、「新しい生命力」を受け取ることになるでしょう。

・「相手」の転機、それへの対応

この3年全体を通して、あなたは「その人」との濃密な関係を生きることになります。「その人」はたったひとりかもしれませんし、数人いるのかもしれません。関係性はさまざまですが、関わりの内容はとてもゆたかで、おたがいに大きな変容を遂げずにはいられないでしょう。

2023年3月、その人との関係は、さらに新しい段階に入ります。

ここから2026年頭まで、たとえば以下のような変化が起こるかもしれません。

＊おたがいの役割が、入れ替わる
＊相手が人生の新しい段階を迎え、そのサポートをする
＊相手が大きな責任を抱え、それを分かち合う
＊おたがいの関係を通して、社会への見方が変わる
＊依存関係や密着しすぎの関係に、少し距離を取る
＊おたがいが相手への責任を、より真剣に考える
＊「親しき仲にも礼儀あり」で、関係が好転する

これらの変化は、すべて「時間・距離」に関係があります。もっと言えば、おたがいの人生のフェーズや年齢、成長と関係しているのです。

たとえば、一家の大黒柱として働いていた人が、仕事を引退して家ですごす時間が増えると、どんな態度でいればいいいか、とまどいが生じます。

バリバリ働いていた人が産休を取り、子どもと長くいっしょにすごすようになっ

て、アイデンティティの危機に陥る、といった話もよく耳にします。

引退してデイサービスに通い始めたのに、会社の重役だったときと同じ態度を取ってしまい、場に溶け込めず浮いてしまう人が少なくないそうです。

一般に、社会的役割や立場が変わると、にわかに「どんな自分であればいいか、わからない」という、ある種の危機を迎えることになります。

どんな態度で生きるか、どんな人間としてすごすか、自分をどういう人間としてイメージするか。自分の新たな人生のフェーズに合った、「顔」を手に入れるための試行錯誤が繰り返されます。

これはいわば、「セルフイメージの再構築」の作業です。

この作業に失敗すると、社会的に孤立してしまう場合もあります。

ゆえに「危機」なのです。

人生のフェーズによって起こる「危機」はもちろん、その人のパートナーや、周囲で関わる人たちにも大きな影響を及ぼします。

そこで新たに、日々の観察や、新しい関わり方が必要になってくるのです。

２０２３年から２０２６年にかけて、あなたが関わっているだれかが、このような「人生のフェーズが変わるときの危機」を迎えることになるかもしれません。あなた自身ではなく、他者のなかに起こった変化に「こたえる」「コミットする」必要が出てくるのです。

こうした変化は、一朝一夕には完了しません。チャレンジを一つひとつ積んでいくような、長丁場のプロセスです。

・人から必要とされること

２０２３年以降、かなり長い時間をかけて、あなたは「人から必要とされる」という体験を生きることになります。

人生の早い段階では、多くの人々が「人から評価されること・好かれること・選ばれること」を心から願います。これらの願いには、人生の深い意味や切っても切れないような結びつきは、あまり関係がありません。

年齢を重ね、人との関わりを広げていくにつれ、私たちはどうしようもなく他者を必要とし、あるいは、他者から必要とされる、という現象に遭遇します。

実はこれは、非常にわかりにくい体験です。

なかなか「必要としている」「必要とされている」ことに気づけないのです。人間が人間を必要とし、必要とされていることは、言葉によるコミュニケーションには、ほとんど現れません。

現れたとしても、氷山の一角のようなものです。

人を「必要とする」ということは、意識的な選択ではありません。

複数の選択肢からいいものを選ぶ、といったこととは、あまり関係がありません。

人が人を必要とするとき、それは本人にもどうしようもない、選択のしようがない力が働いています。


もっともわかりやすい例は「生まれたばかりの赤ん坊が、自分を世話してくれる人を必要とする」現象です。

赤ん坊には選択肢も選択権もありません。ただひたすら、自分を守り育ててくれる存在を必要とします。


大人になれば私たちは生きる力を身につけ、赤ん坊のように無力な状態にはならない、と考えている人はたくさんいます。

でも、本当にそうでしょうか。

大人になった私たちは、徹底的に無力な存在として他者を必要とすることはないのでしょうか。

人間は、人生や孤独や運命の荒波に対して、とても無防備です。人生において私たちはさまざまな出会いを得ますが、そのなかには、選びようのないもの、というのがあるように思われます。

これは、「出会った相手が運命の人！」といった意味合いではありません。そうではなく、赤ん坊のように無防備に、「その人の手」「その人の存在」を必要とせざるを得ない局面に立つ、ということです。

2023年以降、あなたはだれかから徹底的に必要とされていることに気づくでしょう。相手はそれを自覚していないかもしれません。でも、あなたにはわかってしまうのです。

わかった上で、その関わりに新しい力を注いでいくことになるでしょう。あるいはあなたもまた、だれかをどうしようもなく必要としているということを、自覚し始めるかもしれません。

この自覚はあなたを、新しい人間観や世界観に導いていってくれるでしょう。必要とされ、必要としている、ということへの新しい認識が、あなたの人生のとらえ方を、大きく変えてくれるでしょう。

このプロセスは、向こう20年、30年といった非常に長い時間の物語です。

第3章

テーマ別の占い

愛について

この3年間は、乙女座の人々にとって「パートナーシップ・人間関係」の時間です。一対一の人間関係には、もちろん、愛が含まれます。この3年間を「愛の季節」と呼んでも、過言ではありません。

思えば2020年も「乙女座の愛の季節」でした。

2020年の「愛」と、2021年から2023年の「愛」は、実は、内容がかなり異なります。

2020年の「愛」は、自分という人間のなかに燃える愛の感情です。愛着を感じること、愛を注ぐこと、愛情表現することなどが、主なテーマでした。

一方、2021年から2023年の「愛」は、一対一の人間関係を構築していく、という意味の愛です。

2020年が「恋愛」なら、2021年から2023年は「パートナーシップ、結婚、ともに生きる」ということがテーマになっているのです。

恋愛は燃え上がったのに、いっしょに住み始めたら破綻した、というカップルは、ちっとも珍しくありません。

一説に、恋の感情は4年程度しか続かない、という研究があります。

では、長く続いていくパートナーシップは、何でできているかというと、やはり「愛」でできている、と言うしかありません。

2021年から2023年、乙女座の人々が育てていくのは、人生を通じて生きることのできる、長期的な愛です。そこには、好きという気持ち、トキメキやあこがれのような感覚以外に、信頼や尊敬、協力関係、さまざまな欠点を「許容できる」という相互理解など、たくさんの要素が含まれています。

こうした思いを育てるには、時間と経験が必要です。

ともにすごす時間、共有する体験を通して、愛の関係を肉付けするたくさんの思いが育っていくのが、この3年間なのです。

・愛を探している人

2020年、すでに愛が芽生えていて、それを2021年から本格的に育てていく人も多いでしょう。

まだ愛の気配もないという人も、2021年5月から7月、そして11月から2022年いっぱいにかけて、探せばきっと、愛が見つかります。

これまで愛の関係に踏み入るにあたり、漠然とした不安を抱えたり、なんとなく躊躇してしまったりしていた人は、特にこの期間、その「不安の正体」がわかるかもしれません。

自分が何を恐れ、何を克服すべきなのかが、具体的に見えてきそうです。

この「不安解消」のサポートをしてくれる人物が、そのままパートナーとなるのかもしれません。

人からの紹介、結婚相談所、マッチングアプリなど、さまざまな手段を利用しての「出会い」が期待できます。

特に2021年11月から2022年3月にかけては、熱い出会いの気配が渦巻いています。思いきった愛情表現で、「その人」の心をつかめそうです。

・パートナーがいる人

この本のほとんどの部分が、パートナーシップについて書かれているので、もうここで書くことがないくらいです。

パートナーとの関係性は、この3年のなかで大いに変わりますし、成長していくでしょう。もし、長いあいだ問題を抱えつつもそれをうやむやにしてきたようなところがあるなら、この3年のなかで、しっかり向き合い、対話を重ねて、新しい関係性へと「昇華」できそうです。

いっしょにすごす時間が増えますし、協力して取り組まなければならないテーマがさまざまに出てきます。

当事者として同じ目線を持ってもらいたいのに、相手が目を背けたり、丸投げしてきたり、といった状況があったなら、それをきちんと是正できるはずです。

協力して取り組むこと、目を背けないことによって、相手にもメリットがある、ということがわかってくるときなのです。

あなた自身、「自分さえガマンすればいい」という発想から抜け出せるでしょう。

おたがいに成長するために、あえて固定的だった役割概念の外側に抜け出せます。

これまで「おたがいにとても自由にやってきた」という人も、おたがいがいっしょに生きるということの意味を、新しいかたちでとらえ直せるときです。

一見合理的な「距離を置いた関係」を、そのままのかたちで維持しにくくなるかもしれません。一時的にでも、しっかりと密着し、やるべきことが出てくるようです。

「いざとなれば、最強のチームとして闘える」という自信を養えます。

2023年からは、これも前述の通り、パートナーが人生の転換点にさしかかるかもしれません。これをサポートすることで、さらに新しい関わりを構築する作業が始まるでしょう。

自分の新しい強さや賢さに気づけますし、相手の新たな可能性に驚かされることもあるかもしれません。

「人間はいくつになっても変化し、成長する」ということを、相手の生きる姿から教えてもらえます。そしてあなたもまた、相手にそれを伝えられるはずです。

・愛に悩んでいる人

３年を通して、あるいは２０２６年ごろまで、「だれとともに生きていくか」を真正面から考えることができる時期です。

ゆえに、愛の悩みもまた、「これからの人生を、だれと生きていくか」という光に照らして、とらえ直すことができそうです。

一対一の人間関係が、自然に大きく変わっていくときなので、悩みそのものが消えてしまう可能性もあります。

また、自分の選択に新しい自信と責任を持つこともできるかもしれません。

２０２１年から２０２２年は「誇り」が、２０２３年以降は「責任」が、あなたの愛の関係を考える上で、大きな柱となります。

愛について、誇りを持って生きられるか。この愛に責任が持てるか。そうした観点から愛の悩みを考え直したとき、新しい道が見えてくるかもしれません。


この時期は「関係者」の存在も大きいはずです。

相談相手に恵まれますし、カウンセラーや弁護士など、今の自分に合った専門家を頼ることもできそうです。

第三者の客観的な意見を求めたとき、心のなかに新しい風が吹き込むようです。

２０２３年6月から10月上旬は、愛の悩みが解決に向かいやすいときです。

なんらかのかたちで「救いの手」がさしのべられる可能性があります。

長いあいだ、決して解決できないと思い続けた悩みが、ここで一気に解決に向かうかもしれません。

深い悩みのなかで傷ついてきた人も、その悩みの出口が見え始めるのが２０２３年です。そして、遅くとも２０２６年までには、今とはまったく違った、明るい気持ちになれるはずです。

・愛の季節

この3年を通してすべて「愛の季節」ですが、なかでもダイレクトな追い風を感じられそうなのは、２０２１年1月から2月頭、2月末から3月中旬、5月なかばから8月前半、11月から２０２２年5月上旬、２０２２年12月から２０２３年2月、10月から11月頭です。

仕事、勉強、お金について

・仕事について

星占いのシステムで、「仕事」はふたつのカテゴリーに分けられます。

ひとつは「社会的立場、キャリア、目標」という側面から見た「仕事」。

もうひとつは「就労条件、職場環境、日々の任務、責任、義務、同僚」という側面から見た「仕事」です。

2021年から2023年、乙女座の世界で大きく動くのは、後者の側面です。

労働の形態が変わったり、任務の重みが変わったりするかもしれません。

たとえば2020年は新型コロナウイルスの流行により、多くの人が働き方の変更を余儀なくされました。テレワークやネットを介した会議などが一般的になり、生活全体が変化した、という人も少なくありませんでした。

こうした「働き方の変化」が、2021年以降の乙女座の人々の世界に、さらにダイナミックに展開していくのかもしれません。

無理な働き方を続けていたり、自分に合わない環境に耐えてきたりした人は、この3年のなかで、その状況を変えられるはずです。

特に2021年は、新しい環境をつくりやすい年となっています。

今ある職場を変えるために奮闘する人もいるでしょうし、自分に合った働き方を実現するため、転職する人もいるでしょう。

なかには、2020年のなかで転職を決め、2021年に本格的にその職場に飛び込み、溶け込んでいく、というプロセスをたどる人もいるはずです。

経験を積み、実力を鍛え、ひと回り大きな「仕事人」に成長できます。

この時期はさまざまな訓練のチャンスに恵まれますし、経験がそのまま、貴重な知識として積み上がっていくでしょう。

腕が磨かれる、だいじな成長期です。


たとえば、自分自身が管理者や経営者として「人を使う」立場にある人は、マネジメントへの考え方や雇用のあり方を、大きく変えることになるかもしれません。

職場に合った人を迎えることや、みんなに気持ちよく働いてもらうように職場を構築することは、簡単なことではありません。

人間が複数集まればかならず、何かしらの問題が起こるものだからです。

でも、そうした問題をあらかじめ想定しておいたり、適切に対処したりすれば、問題を乗り越え、問題を力に変えていける場合もあるものです。

この時期、あなたのマネジメント能力は、さまざまな経験を経て、飛躍的に向上するでしょう。

一方、仕事の「ふたつのカテゴリー」のうち、「社会的立場、キャリア、目標」というハデな側面が大きく動くタイミングもあります。

それは、2022年8月下旬から2023年3月です。

この時期「大勝負」「一大プロジェクト」に臨む人が少なくないでしょう。

かなり思いきったチャレンジが可能になるときです。

2023年3月末から、「仕事」に新しい雰囲気が加わります。

このあたりから自発的に始めたことが、20年ほど（！）をかけて、ひとつの大きな仕事にまとまっていくかもしれません。

・勉強について

２０１９年ごろから、学び方についての価値観、考え方ががらっと変わったかもしれません。２０１９年から7年ほど、より自由な学び方、より新しいテーマへと向かえる時期となっています。

新しいテクノロジー、特に情報通信技術を学ぶ人、心理学や精神世界について学ぶ人、スピリチュアルやオカルトなど神秘的な世界に興味を持つ人もいるでしょう。また、社会的な問題に立ち向かうための学びを始める人もいるかもしれません。環境問題やフェミニズム、人権問題など、時代の強い要請にこたえる学びに力を注ぐ人もいるはずです。

この時期の乙女座の学びは、古く伝統的な価値観から飛び出していこうとする天王星的エネルギーのもとにあるのです。

たとえば幼いころの学びは、主に「過去」を学ぶことでした。すでにわかっていること、発見済みのこと、歴史上の出来事、できあがっている知識を、理解しておぼえる、というプロセスが、人生の早い段階での学びです。

一方、大人になると「まだ答えの出ていないこと」「どこにも正解がないこと」を考え、それらの謎を解くために学ぶ場面が出てきます。

２０１９年からの乙女座の人々の学びは、そういう意味で「大人の学び」です。まだ見たことのない世界を見にでかけるような、非常に冒険的な「学び」にチャレンジしつつあるはずなのです。

２０２１年、この「大人の学び」「自由で新しい学び」の流れに、さらに新しい流れが流入します。それは、いわば「実体験」「実務経験」です。経験と知識が結びつくと、その知はたしかに「自分のもの」になります。

はっきりと「身につく」ことになります。

２０２１年以降、あなたが日々経験することは、どんどんあなたの知的活動に結びつき、多くの新しい知が「身につく」ことになるでしょう。


生活のために学ぶ人もいれば、健康のために学ぶ人もいるでしょう。日常の必要性に迫られ、稼ぐために不可欠な知を手に入れるために、必死に学ぶ人も少なくないはずです。こうした「必要に迫られてする勉強」が、不思議とこの時期は、フレッシュでオープンな活動と感じられるようです。

「勉強」という言葉には、ある意味抑圧的なニュアンスが含まれています。ですがこの時期は、そうしたイメージとはかけ離れた体験ができます。学ぶこと自体が、新しい世界に向けて飛び立つような、可能性にあふれた体験となるはずなのです。

さらに2023年5月からの約1年は「学びの季節」です。

新しい師に巡り会ったり、学びの場に足を踏み入れたりすることになるかもしれません。学校に入ったり留学したりする人もいるでしょう。新たな研究テーマに出会う人もいれば、自分の才能に気づいて猛然と勉強を始める人もいるはずです。

小さな世界から出て、広い世界に立ち、新しい風景のなかで、世界観が一変していく人もいるだろうと思います。

2023年なかばからの1年で学んだことは、2024年なかば以降の大活躍の季節において、強力な武器とも防具ともなるはずです。

・お金について

経済活動に変化が起こりそうなのは、2022年5月中旬から2023年5月なかばにかけてです。

ここでは、何かしら価値あるものを「贈与される」「継承する」ようなことが起こるかもしれません。

たとえば、仕事の上で、先輩のお客様を丸ごと引き継ぐとか、信用ができて融資を受けられるようになるとか、そういった変化が考えられます。保険や投資、ローンなどについてこの時期、根本的な見直しを試みる人もいるでしょう。

自分の財布のなかだけのことではなく、過去と未来、世の中に「巡る」お金の流れについて考え、その流れを自分の世界へと引き込めるときなのです。

2022年から2023年は、パートナーの経済状況が変化しやすい時期でもあります。

主に、ポジティブな変化が期待できるでしょう。パートナーのお金の流れの好転を受けて、あなたもまた、生活のあり方やお金の使い方を変えることになるのかもしれません。パートナーと協力して、家や車など大きめの買い物をする、といったことも起こるかもしれません。

2023年7月から2025年1月ごろまで、ほしいものやお金の使い方が「過去に戻る」ような気配もあります。

昔好きだったものに「回帰」したり、枝葉が生い茂った経済活動のあり方をシンプルに剪定したくなったりするかもしれません。

あるいは古い縁のある人と取引をすることになるなど、お金の使い方に、不思議な「懐かしさ」が感じられそうな時期です。

お金についてほかに、大きめの動きが起こりそうなのは、2021年8月後半から11月頭、2023年8月末から12月頭です。

また、2023年10月なかばに、転機が訪れるかもしれません。

住処、生活について

・住処、家族

2021年から2023年は「労働」がテーマですので、「家事労働」にも、強いスポットライトが当たります。

家事の分担、経済活動における役割分担など、家庭を運営する上で必要な多くの役割を認識し、それらをマネジメントするまなざしが育つ時期です。

精神論や伝統的な規範意識を乗り越えて、本当に暮らしやすい「共同体」としての家族のあり方を考えられます。

隷属的な関係や、不平等な役割のあり方に気づいた人は、そうした環境を変えていけるでしょう。


「協力と依存」「愛と支配」は、容易にすり替わりやすい、危険なテーマです。

たとえば「尽くすタイプ」の人は、自分の存在意義を相手に認めさせたくて、やらなくてもいいことまでとことん引き受けてしまいます。

人に多くの贈り物をしようとする人の心には、相手を支配したいという気持ちが潜んでいる場合があります。

家族の関係のなかで「支配欲」「依存」はとても大きな落とし穴となりがちです。なぜなら、そうしたゆがんだ関わりが生じていることに、当人たちがまったく気づかない場合が多いからです。

まず気づくことが重要で、その先に「改善」があります。

２０２１年は、生活のなかに潜むいろいろな問題に気づくことができる年です。そして、２０２３年３月頭までの時間のなかで、気づいた問題を粘り強く解決していけます。

引っ越しや家族構成の変化など、住環境が「動く」のは、主に冬です。２０２１年12月から２０２２年１月、２０２３年11月から２０２４年１月頭は、特に居場所が動きやすいタイミングとなっています。

・生活、健康

２０２１年から２０２３年３月、健康に関しても大きな変化が起こりそうです。慢性的な問題に苦しんでいる人は、この期間のなかで新しい解決方法に出会えるかもしれません。

正攻法での治療、地に足の着いた加療で、成果が出る時期です。たとえばダイエットなども、短期間で結果を出そうとせず、あえてじっくり腰を据えて取り組んだほうが、いい結果が出ます。

「石の上にも三年」をモットーに、自分とどう折り合いをつけて暮らすかを考えることがだいじです。

時間のなかで、人間の体はどんどん変化していきます。

でも、私たちの「意識」は、なかなかそのことに気づきません。

もちろん、突発的な病気やケガには気づきますが、じわじわと進む加齢や体質変化のことは、よくわからないものです。ある日、突然自分の「身体年齢」のようなものに驚かされ、ショックを受けます。

体が変化した、ということに気づいたとき、私たちの心は、にわかにそれを受け入れられません。

なんとか「元に戻そう」と、必死になってしまう人もいます。

もちろん、それで前向きな変化が起こることもありますが、根本的な自己の変化を受け入れられていない場合、深い継続的な苦しみに縛りつけられてしまうケースが珍しくありません。

たとえばごく単純な例で言えば、もはやサイズの合わなくなった服を、「やせたら着よう」と、ずっとタンスの肥やしにしておくような行動がそれです。

自分の身体的な変化に、「心」をなじませていくこと。

これは、生活のなかで時間をかけて続けていくしかありません。

体型に合わなくなった服を、思いきって捨てる勇気を出したとき、今の自分の体にぴったり合う服を選んで、心身が自由に解放された、という話を聞いたことがあります。

心と体の「折り合いをつける」作業が、この時期進んでいくかもしれません。

夢、楽しみについて

・夢

2008年ごろから、あなたの夢は、ある種の「火」に焼かれていたのかもしれません。

自分でもどうにもコントロールできないような炎、強い衝動に、夢がジリジリと焦げつかされていたのではないかと思います。

大きすぎる夢を描いてはそれを自分で燃やす、という、自分でも不可解な現象を体験してきた人もいるでしょう。

自分には決して合わない夢を、ムリヤリに追いかけようとしてきた人もいるかもしれません。

本当の夢に土をかぶせて隠し、その上に立って別な夢を語っていた人もいるかもしれません。

ある種の欲に取り憑かれたようになり、かつての自分だったら決して受け入れられなかったような価値観を、あえて選択していた場面もあったかもしれません。

そうした「自分ではコントロールできないような欲」に縛られた夢が、2023年を境に、「解放」へと向かうようです。

少し先ですが、2025年ごろには「なぜ自分はあんなことを望んでいたのだろう?」というふうに、不思議な気持ちになるかもしれません。

ですが、2008年からの不思議な「夢」の体験は、決して無駄なものではありませんでした。

あの不思議な夢のトンネルを通ったことで、「やはり、自分の目指すものはこれだった」というたしかな裏づけができたはずだからです。

・楽しみ

もともと、人の役に立つことを「楽しい」と感じる傾向のある乙女座の人々ですが、この3年は特に、「人のため」を意識して動くことを楽しめるようです。引き受けたポジションを楽しめますし、義務を果たすことさえ、喜びを伴うかもしれません。

2021年から2022年は、人間関係が喜びの源となるでしょう。

2023年以降は、旅や移動を楽しめそうです。

ただ、「楽しいから」といって、ワーカホリックになりやすい時期でもありますので、注意が必要です。人から必要とされると、とことんがんばってしまうクセのある人は、気をつけていただきたいと思います。

また、ストイックに自分を鍛えることの好きな人も多い乙女座です。

たとえばジムでのトレーニングをやりすぎてケガをしてしまう、といった危険もあります。

どんなに「体にいいこと」でも、やりすぎは毒なのです。薬も飲みすぎれば毒になります。バランスを大切に。

自分、人間関係について

乙女座は、人からの影響を受けやすい星座と言えます。

ですが同時に、もっともがんこな星座、とも言えます。

乙女座の人々は振り子のように、外界からの力に反応して大きく揺れますが、最終的にはいつも、支点に戻ってくるのです。

2020年、あなたは振り子の「支点」について、多くを体験したのではないかと思います。

いわば「自分自身に戻る」「本当に自分の望んだことをする」ような機会を持てたのではないでしょうか。

周囲の反対を押しきるような自己主張ができたかもしれません。

本当に好きなものにのめり込むことができたかもしれません。

2021年から2023年は、乙女座にとって「他者との関わりの季節」です。

さまざまな人に出会い、大きな影響を受け、いろいろな変化を遂げることになるでしょう。

でも、そうした、いわば「揺れる振り子」のような体験のなかで、2020年にあなたが経験したことが、いつもたしかな「軸」として、役に立つはずです。

たとえば、イヤなことを押しつけられそうになったら、断固としてNOと言えるはずです。

何が好きで何が嫌いなのか、2020年のことを思い返せば、はっきりわかってくるはずです。

２０２０年の体験が、一種のリトマス紙のように、あなたに「指針」をくれるでしょう。

他者と深く関わり、さまざまな影響を受けつつも、芯のところはちゃんと「自分」でいられる。そんな体験を、この3年間で重ねていけるはずです。

それは、たしかな自信に変わります。

第4章

3年間の星の動き

2021年から2023年の「星の動き」

星占いにおける「星」は、「時計の針」です。時計の中心には地球があります。そして「時計の文字盤」である12星座を、「時計の針」である太陽系の星々、すなわち太陽、月、7個の惑星（地球は除く）と冥王星（準惑星）が進んでいくのです。

ふつうの時計に長針や短針、秒針があるように、星の時計の「針」である星たちも、いろいろな速さで進みます。

星の時計でいちばん速く動く針は、月です。月は1カ月弱で、星の時計の文字盤である12星座をひと巡りします。ですから、毎日の占いを読むには大変便利ですが、本書であつかう「3年」といった長い時間を読むには不便です。

年単位の占いをするときまず、注目する星は、木星です。

木星はひとつの星座に1年ほど滞在し、12星座を約12年で回ってくれるので、年間占いをするのには大変便利です。

さらに、ひとつの星座に約2年半滞在する土星も、役に立ちます。土星はおよそ29年ほどで12星座を巡ります。

もっと長い「時代」を読むときには、天王星・海王星・冥王星を持ち出します。

占いの場でよく用いられる「運勢」という言葉は、なかなかあつかいのむずかしい言葉です。

「今は、運勢がいいときですか？」

「来年の運勢はどうですか？」

という問いは、時間が「幸運」と「不運」の2色に色分けされているようなイメージから生まれるのだろうと思います。


でも、少なくとも「星の時間」は、もっとカラフルです。

木星、土星、天王星、海王星、冥王星という星々がそれぞれカラーを持っていて、さらにそれらが「空のどこにあるか」でも、色味が変わってきます。

それらは交わり、融け合い、ときにはストライプになったり、チェックになったりして、私たちの生活を彩っています。

決して「幸運・不運」の2色だけの、モノクロの単純な風景ではないのです。


本書の冒頭からお話ししてきた内容は、まさにこれらの星を読んだものですが、本章では、木星・土星・天王星・海王星・冥王星の動きから「どのように星を読んだのか」を解説してみたいと思います。

木星：1年ほど続く「拡大と成長」のテーマ
土星：2年半ほど続く「努力と研鑽」のテーマ
天王星：6〜7年ほどにわたる「自由への改革」のプロセス
海王星：10年以上にわたる「理想と夢、名誉」のあり方
冥王星：さらにロングスパンでの「力、破壊と再生」の体験

ちなみに、「3年」を考える上でもっとも便利な単位のサイクルを刻む木星と土星については、巻末に図を掲載しました。過去と未来を約12年単位、あるいは約30年単位で見渡したいようなとき、この図がご参考になるはずです。

・木星と土星の「大会合」

本書の「3年」の直前に当たる2020年12月、木星と土星が空で接近しました。「グレート・コンジャンクション（大会合）」と呼ばれる現象です。

肉眼でもはっきり見える「天体ショー」ですから、その美しい光景を記憶していらっしゃる方も多いでしょう。

あの隣り合う木星と土星の「ランデヴー」は水瓶座、すなわち、乙女座の人々から見て「役割、義務、責任、労働、健康」などを示す場所で起こりました。

2星は2021年、ほぼこの場所でいっしょにすごします。

そして翌2022年、木星は魚座へと出て行ってしまいますが、土星は2023年早春までこの場所に滞在します。

ゆえに本書のかなりの部分が、「役割、義務、責任、労働、健康」についての記述に割かれることになりました。

このグレート・コンジャンクションは、約20年に一度起こる現象です。ゆえに２０２０年年末は「ここから20年の流れのスタートライン」と位置づけることができますし、両者が同じ場所に位置する２０２１年という時間そのものが、ひとつの大きな「始まりの時間」と言うこともできます。

２０２０年12月のグレート・コンジャンクションは、乙女座の人々にとって、「新たな役割との出会い」を象徴していました。

２０２０年のなかでひとつの役割を卒業し、新しい役割を得た人が少なくないでしょう。

たとえば年末、意外な「辞令」のようなものを受け取った人もいるかもしれません。

あるいは、自分の身体性や健康に、新しい思いを持って向き合い始めた人もいるでしょう。

エクササイズを始めたり、ライフスタイルを変えたりと、もっとも身近な部分で「生き方を変えた」人もいるはずです。


人生は、生活でできています。

新しい生活と出会うとき、新しい人生と出会えます。

どんなささやかな習慣の変化でも、それは人生の変化を意味します。


生活は、その人の価値観と直結しています。

「人生でいちばんだいじなものは何か」という問いへの答えとして、2020年の終わりに、新たな生活のあり方を選んだ人も、きっとたくさんいるはずです。

・土星の動き

土星は「時間をかけて取り組むべきテーマ」をあつかいます。

たとえば「ひとつの職場には、最低でも3年は在籍したほうがいい」などと言われます。これはもちろん、どんな場合にも当てはまるアドバイスというわけではありません。ですが土星のサイクルに当てはめると、ピンとくる気もします。「石の上にも三年」と言われる通り、3年ほどがんばってみてはじめて「モノになる」ことは、世の中に、けっこうたくさんあります。

それは星占い的に言えば「土星のテーマ」です。

前述の通り2020年、土星は乙女座から見て「役割、義務、責任、労働、健康」の場所に入りました。そこから3年弱の時間をかけて、あなたは自分の役割や生活、体質などを「創造」していくことになります。

土星の示す変化は、どちらかと言えばストイックで、抑制的です。ただ、乙女座の人々はもともと、労働や健康管理といった分野に、特別な才能を持っています。

ゆえに、この3年弱の時間は「持ち味を活かせる、得意分野で活動できる時間」となるはずです。

さらに、実はこの場所（水瓶座――乙女座の人にとって「役割、義務、責任、労働、健康」を司る場所）の土星は、ごく「居心地がよい状態」にあるとされます。だれしも自分の部屋にいるときはたいてい、安心できるものですが、それに似て、「土星が自宅にいる状態」なのです。

土星は一般に「制限をかけるもの、孤独、冷却」とされ、重荷や重圧をもたらすと解釈されますが、山羊座と水瓶座においては「よいところが出やすい」と言われるのです。

ゆえに、この3年間の乙女座の「役割、義務、責任、労働、健康」の物語は、ゆっくりと確実に「前進」していくでしょう。

土星という星自体が、責任や義務といったテーマを担う星であり、その意味でも非常に親和性の強い配置です。

つまりは「うまくいく」のです。

真に自分に合う役割、ライフスタイル、日常の習慣などを、ゆがみの少ないかたちでつくっていくことができる時間帯です。

・木星の動き

2020年12月に水瓶座に入った木星は、そこから3年をかけて、あなたから見て主に「他者」を司る場所を進んでいきます。

「役割、義務、責任、労働、健康」から「一対一の人間関係、パートナーシップ」、そして「他者の財、贈与、継承」、さらに「未知の世界、冒険、学び」。あなたから見てこのような世界を、木星が運行していくのです。

木星は古くから「幸福の星」とされ、「成長と拡大、膨張の星」でもあります。ゆえにこの3年は、あらゆる「他者との関わり」が、あなたにさまざまな幸福の種をくれるでしょう。人との関わりを通して、役割を得、人生観を得、パートナーを得、ギフトを得、学びを得てゆくことになるでしょう。

その種をまいて育てていくことが、この3年のテーマと言っても過言ではありません。

・木星と海王星のランデヴー

2021年5月なかばから7月、そして2021年12月末から2022年5月、さらに2022年10月末から12月中旬の3つの時間は、少々特別な時間と言えます。というのも、あなたから見て「一対一の人間関係、パートナーシップ」を象徴する場所に、海王星と木星が同座するからです。

海王星も木星も、この場所（魚座）では「強い力を発揮する」とされています。

両者は、魚座の「支配星」だからです。ふたりの王様が帰還し、もっとも強い状態にあるのです。

海王星は漠然としたもの、目に見えないもの、無意識、幻想や美や救済などを象徴する星です。ゆえに、この星が指し示す「出来事」は、アウトラインがはっきりせず、ぼんやりしています。何かが起こっても、その原因がなんなのかがはっきりしません。自覚しにくく、コントロールしにくく、観察も分析もむずかしいのです。

一方の木星は「膨張と拡大の星」で、こちらも多少ボワンとしたイメージはあるのですが、海王星よりはずっと「見える・自覚できる」星と言えます。具体的で、海王星よりははるかにリアルです。

海王星は２０１２年ごろから魚座に位置していました。乙女座から見て「一対一の人間関係、パートナーシップ」を象徴するこの場所で、精神的な結びつきの意味、人と人とが関わることによって得られる救いについて、その道を示し続けてきました。

ですが、海王星の導きはとにかく「かたち」がありません。あなたは自分が何と出会っていて、何と対話すべきなのか、いまいちわからずにここまできたかもしれません。

あるいは、「この出会いには、すばらしい意味がある」と気づいていても、どこからどう踏み込めばいいか、糸口が見いだせずにいたかもしれません。

２０２１年から２０２２年、木星がこの海王星に重なるように巡ってきます。

つまり、あなたが２０１２年からずっと「自覚せずに出会ってきた、かたちのないもの」に、木星がかたちを与えてくれる状態となります。

「精神的な交流」が、言葉としてはっきり示されるかもしれません。

心に渦巻く思いを、語るべき言葉に変えられるかもしれません。

救いの手が、ちゃんと温度もかたちもある「手」としてさしのべられ、それをしっかりつかむことができるようになるのかもしれません。

ただ夢を思い浮かべるのをやめ、現実的な出会いへのアクションを起こせるようになるのかもしれません。

漠然と感じていたさみしさや切なさが、ある人物への熱い愛に変わるのかもしれません。

他者との結びつきに関する、ほんわかした理想や夢が、たしかな現実となるのかもしれません。

・天王星の動き

天王星はこの3年のあいだ、あなたから見て「旅、冒険、高度な学び、理想、思想、宗教」などを象徴する場所、牡牛座に位置しています。天王星は自由と革命の星であり、テクノロジーと新時代を象徴する星でもあります。

天王星はひとつの星座に7年ほど滞在します。

２０１９年から２０２６年ごろにかけて、あなたは「冒険、学び」などのテーマに関して、かつてなく大きな自由を求めて行動していくことになります。

天王星は「流行、社会的に新しく注目を集めるもの」を象徴する星でもあります。前章の「勉強について」の項で語ったことが、たとえば天王星の示す分野です。新しいテクノロジー、情報通信技術、心理学や精神世界、スピリチュアルやオカルトなど神秘的な分野。環境問題やフェミニズム、人権問題などが、すべて天王星の管轄です。

牡牛座は大地の星座であり、金星という女性性を象徴する星に支配された星座でもあります。環境問題と人権の問題は、この時期あなたの「学び」に強い影響を及ぼすでしょう。

2019年からの約7年の時間のなかでも、2020年からの3年は特別な時間と言えます。というのも、木星や土星が水瓶座を通る時間だからです。

水瓶座は天王星の「自宅」なので、天王星はほかの星座にいるときも、常に本国の水瓶座と太いパイプを持っているのです。

水瓶座に木星と土星が入っている時間は、そこで起こった変化や動きの成果が、勢いよく牡牛座（乙女座から見て「冒険、学び」などを象徴する場所）に流れ込みます。

日々の具体的な体験や、ふだんの役割のなかで積んだ経験が、そのまま「知」の世界に流れ込みます。経験を通してとらえる知は、説得力にあふれ、すいすい頭に入ります。

この時期の「学び」は、決して机上の、本の上だけのものにとどまりません。旅や冒険もまた、未知の場所を「通りすぎる」だけのものにはならないはずです。

・冥王星の動き

冥王星は2010年ごろから「愛、創造、楽しみ、遊び」などを象徴する場所に位置しています。

この星が次の場所、あなたから見て「役割、義務、責任、労働、健康」の場所へと移動を開始するのが、この2023年3月です。

2010年ごろから、あなたは自分の愛が、かつてとはまったく違った物語のなかに入ったのを感じたかもしれません。

愛を注ぐ対象が変わったり、圧倒的な愛の感情を生きることになったり、愛についての価値観が根本的に変わってしまったりしたかもしれません。

愛の炎に焼かれるような体験をした人もいるでしょう。そこで、あなたは真の自分を見つけ出すと同時に、新しい生命力を身につけてきたはずなのです。

2023年から、そうした「愛の炎」に包まれるような日々から抜け出して、穏やかで芯の強い愛を生きる喜びに充たされるでしょう。

その一方で、あなたは何かしら、新しい活動を始めることになるかもしれません。ふとしたきっかけで始めた趣味が、いつのまにか生涯をかけた仕事に変わる、といったことが起こるかもしれません。

ここから2042年ごろまでをかけて、あなたの「役割、義務、責任、労働、健康」は、大地を突き破るマグマのように、圧倒的なエネルギーであなたの人生に流れ込みます。

この間「自分が何をやるべきか」を、「自分で選び取る」感じがしないかもしれません。

あたかも、自分のなかから勝手に「やるべきこと」が、夏のつる植物のように勢いよく生え出して、自分を巻き込んでいくかのように感じられるかもしれません。

第5章

乙女座の世界

乙女座の世界

乙女座の人の心は、昔の「薬《くすり》箪笥《だんす》」のようなイメージです。非常にこまかく分かれた引き出しがたくさん、秩序立って整然と並んでいるのです。

乙女座の人は、そこに単に物事を格納するだけでなく、現実に即して自由に引き出し、さらに「調合」していきます。

乙女座の人々の手は、絵の具やインク、スパイス、アロマオイル、さまざまな薬剤や材料などによくなじみます。熟練の音楽家のように巧みな手つきで、たくさんの瓶から少しずつ混ぜ合わせ、すばらしいものをつくり出します。

乙女座の人は非常にクリエイティブですが、その創造性の源は、「分析」と「調合」の秘密にあるのかもしれません。


乙女座の人々は、生真面目で責任感が強く、習慣を重んじ、ストイックな一方で、とてもユーモラスな面を持ち合わせています。

「まじめな人だと思ったのに、おもしろいよね！」とは、ごく一般的な乙女座評です。

コンサバティブなスタイルを好むかと思えば、妙にキッチュなものをコレクションしていたりします。

乙女座の人々は物事をだれよりも強く深く感じつつ、感じ取ったことを決して「固定」しません。

分析力・観察力に物を言わせて、身近な人をさんざんにこきおろしたのに、次の日には同じ相手をべたぼめすることもあります。

嫌っているはずの相手とずっと付き合い続けたり、激怒したのに数日経つとけろっと忘れていたりします。

12星座中、ケンカのあとの仲直りがもっとも早いのは、乙女座だと言われます。

なぜなら、乙女座の人々は、現実がどれだけ変容していくか、ということを知っているからです。人が常に成長し、絶え間なく変化していくことを知っているからこそ、一時的な判断で物事を固定しないのです。

乙女座の人の分析や批判、アドバイスは手加減なしに辛辣ですが、それは「ほんとうに相手の役に立ちたい」という不器用な誠実さゆえです。

乙女座の人々は愛情深く、世話焼きで、細部まで緻密な計画を立てながら、現場ではその計画を柔軟に変更します。

現実を直視し、社会的ルールを重んじながら、心のどこかで壮大なファンタジーを追いかけています。

乙女座の人の「ロマンティシズム」ばかりは、とらえどころがありません。あくまでシビアなリアリストであると同時に、だれも見なかったような夢を見ることができるのが、乙女座の人々の謎であり、偉大なる魅力です。

乙女座の星

乙女座を支配する星は「水星」です。

水星は双子座の支配星でもあるのですが、この2星座は「知性」を柱とする点で一致しています。また、どちらも変化を好み、複数のことを並行しておこなったり、いくつかの分野を融合させたりすることが上手な点も似ています。

水星が象徴する神・ヘルメスについては、ほかの神々の手助けをしたという逸話がたくさん残されています。多くの神々に協力し、役に立ったのです。

乙女座の人の、人の世話を焼くやさしい心づかいに、この特徴はぴたりと当てはまります。


ヘルメスは、英雄オデュッセウスに魔術から身を守る薬草を与えたという説があります。

その伝説の通り、乙女座と「薬」は強く結びつけられています。

乙女座の人が好むことに「調合」があります。

薬やインク、お茶やコーヒー、アロマオイル、スパイスなど、わずかな違いを感じ取りながらそれらを混ぜ合わせて独自のブレンドを生み出すことは、乙女座の人の得意技です。

おわりに

シリーズ3作目となりました『3年の星占い　2021-2023』をお手に取っていただき、まことにありがとうございます！

3年ごとに出る本、ということで、首を長くして待っていてくださった読者のみなさまもたくさんいらっしゃり、本当にありがたく思っております。

また、今回はじめて手に取ってくださったみなさまにももちろん、お楽しみいただける内容となるよう、力を尽くしたつもりです。

ひと昔前、まだコンピュータが一般的でなかったころは、星の位置を計算するだけでも大変な作業で、星占いはどちらかと言えば「むずかしい占い」でした。たった20年ほど前、私が初学のころは、天文暦を片手に手計算していたものです。それが、パソコンが普及し、インターネットが爆発的に広まった結果、だれもが手軽に星の位置を計算した図である「ホロスコープ」をつくれるようになりました。今ではスマートフォンでホロスコープが出せます。

こうした技術革新の末、ここ数年で「星占いができる」人の数は、急激に増えてきたように思われます。

とはいえ、どんなに愛好者の人口が増えても、「占い」は「オカルト」です。決して、胸を張って堂々と大通りを闊歩できるようなジャンルではありません。むしろ、こっそり、ひそやかに、「秘密」のヴェールに守られて楽しんでこその「占い」ではないか、という気もします。

もとい「占いを楽しむ」という表現自体、ちょっと首をかしげたくなるところもあります。この表現はこのところごく一般的で、私も「お楽しみいただければと思います」という言い方をしばしば用います。でも、実際はどうだろうか、と思うのです。

占いははたして、「楽しい」でしょうか。

もちろん「仲のよい友だちといっしょに、旅先で占いの館を訪れて、おたがいに結果を見せ合う」とか、「飲み会に占いの本を持ち込んで回し読みしてワイワイやる」などのシチュエーションなら、占いは少しドキドキする、楽しいエンタテインメントです。

ですが、その一方で、不安や悩みを抱え、追い詰められた人が、「藁《わら》にもすがる」

思いで占いに手を伸ばすとき、その思いは「楽しさ」とはかけ離れています。「占い」は、楽しく、ちょっとふざけたものである一方で、非常に真剣で、極めて切迫したものとなるのです。恥ずかしながら私自身も、冷たい汗をかくような強い不安のなかで、占いに救いを求めた経験があります。

とりわけ2020年、全世界が突如、冷水を浴びせかけられたような、いわゆる「コロナ禍」に陥りました。多くの人々が突発的に、経済的な問題、人間関係上の問題、健康問題など、切実極まる問題に直面しました。

この人々が、いったいどんな気持ちで、こっそりと占いに手を伸ばしたことでしょうか。

それを想像するだけでも、胸を締めつけられるような思いがします。

日々私が書いている「占い」は、そうした、悩める心にこたえるものだろうか。
残念ながら私には、それに「こたえられる」自信が、まったくありません。

「占い」の記事は、フィクションやノンフィクションといった一般的な読み物と違い、読み手が自分自身の人生に、占いの内容をぐいっと引き寄せたとき、はじめて意味を持ちます。

ゆえに、読むタイミングが違えば、同じ占いの記事でも、まったく別の意味を持つことがあります。

最近、インスタグラムで、前作、前々作の『3年の星占い』の画像をアップしてくださっているのをしばしば見かけます。それらの画像に写る本の姿は、カバーも折れたり、スレたり、ヨレたりして、くたっとくたびれています。

そんなになるまで何度も読み返し、そのたびに違った意味を汲み尽くしていただいたのだ、と、心がふるえました。

私が書いたつもりのことを超えて、みなさんの手に届き、その人生に触れたときに、はじめて生まれる「意味」があるのではないか。

少なくとも今は、そのことを信じて、本書をお届けしたいと思います。

こんなことを書いた上で、あえて申し上げたいのですが、この『3年の星占い』、みなさまに「楽しんで」いただけることを、私は心から願っているのです。

というのも、ここからのみなさまの「3年」が、真にゆたかで希望にあふれる、幸福な時間となるならば、この本もおのずと「楽しくなる」に違いないからです!

太陽星座早見表

(1930 ～ 2027年／日本時間)

太陽が乙女座に入る時刻を下記の表にまとめました。
この時間以前は獅子座、この時間以後は天秤座ということになります。

生まれた年	期間
1954	8/24 1:36 ～ 9/23 22:54
1955	8/24 7:19 ～ 9/24 4:40
1956	8/23 13:15 ～ 9/23 10:34
1957	8/23 19:08 ～ 9/23 16:25
1958	8/24 0:46 ～ 9/23 22:08
1959	8/24 6:44 ～ 9/24 4:07
1960	8/23 12:34 ～ 9/23 9:58
1961	8/23 18:19 ～ 9/23 15:41
1962	8/24 0:12 ～ 9/23 21:34
1963	8/24 5:58 ～ 9/24 3:23
1964	8/23 11:51 ～ 9/23 9:16
1965	8/23 17:43 ～ 9/23 15:05
1966	8/23 23:18 ～ 9/23 20:42
1967	8/24 5:12 ～ 9/24 2:37
1968	8/23 11:03 ～ 9/23 8:25
1969	8/23 16:43 ～ 9/23 14:06
1970	8/23 22:34 ～ 9/23 19:58
1971	8/24 4:15 ～ 9/24 1:44
1972	8/23 10:03 ～ 9/23 7:32
1973	8/23 15:53 ～ 9/23 13:20
1974	8/23 21:29 ～ 9/23 18:57
1975	8/24 3:24 ～ 9/24 0:54
1976	8/23 9:18 ～ 9/23 6:47
1977	8/23 15:00 ～ 9/23 12:28

生まれた年	期間
1930	8/24 6:26 ～ 9/24 3:35
1931	8/24 12:10 ～ 9/24 9:22
1932	8/23 18:06 ～ 9/23 15:15
1933	8/23 23:52 ～ 9/23 21:00
1934	8/24 5:32 ～ 9/24 2:44
1935	8/24 11:24 ～ 9/24 8:37
1936	8/23 17:11 ～ 9/23 14:25
1937	8/23 22:58 ～ 9/23 20:12
1938	8/24 4:46 ～ 9/24 1:59
1939	8/24 10:31 ～ 9/24 7:48
1940	8/23 16:29 ～ 9/23 13:45
1941	8/23 22:17 ～ 9/23 19:32
1942	8/24 3:58 ～ 9/24 1:15
1943	8/24 9:55 ～ 9/24 7:11
1944	8/23 15:46 ～ 9/23 13:01
1945	8/23 21:35 ～ 9/23 18:49
1946	8/24 3:26 ～ 9/24 0:40
1947	8/24 9:09 ～ 9/24 6:28
1948	8/23 15:03 ～ 9/23 12:21
1949	8/23 20:48 ～ 9/23 18:05
1950	8/24 2:23 ～ 9/23 23:43
1951	8/24 8:16 ～ 9/24 5:36
1952	8/23 14:03 ～ 9/23 11:23
1953	8/23 19:45 ～ 9/23 17:05

生まれた年	期間
2003	8/23 22:09 ~ 9/23 19:47
2004	8/23 3:54 ~ 9/23 1:30
2005	8/23 9:47 ~ 9/23 7:23
2006	8/23 15:24 ~ 9/23 13:03
2007	8/23 21:09 ~ 9/23 18:51
2008	8/23 3:03 ~ 9/23 0:45
2009	8/23 8:40 ~ 9/23 6:19
2010	8/23 14:28 ~ 9/23 12:09
2011	8/23 20:22 ~ 9/23 18:05
2012	8/23 2:08 ~ 9/22 23:49
2013	8/23 8:03 ~ 9/23 5:44
2014	8/23 13:47 ~ 9/23 11:29
2015	8/23 19:38 ~ 9/23 17:21
2016	8/23 1:40 ~ 9/22 23:21
2017	8/23 7:21 ~ 9/23 5:02
2018	8/23 13:10 ~ 9/23 10:54
2019	8/23 19:03 ~ 9/23 16:50
2020	8/23 0:46 ~ 9/22 22:31
2021	8/23 6:36 ~ 9/23 4:21
2022	8/23 12:17 ~ 9/23 10:04
2023	8/23 18:02 ~ 9/23 15:50
2024	8/22 23:56 ~ 9/22 21:44
2025	8/23 5:35 ~ 9/23 3:19
2026	8/23 11:20 ~ 9/23 9:05
2027	8/23 17:15 ~ 9/23 15:02

生まれた年	期間
1978	8/23 20:57 ~ 9/23 18:24
1979	8/24 2:47 ~ 9/24 0:15
1980	8/23 8:41 ~ 9/23 6:08
1981	8/23 14:38 ~ 9/23 12:04
1982	8/23 20:15 ~ 9/23 17:45
1983	8/24 2:07 ~ 9/23 23:41
1984	8/23 8:00 ~ 9/23 5:32
1985	8/23 13:36 ~ 9/23 11:06
1986	8/23 19:26 ~ 9/23 16:58
1987	8/24 1:10 ~ 9/23 22:44
1988	8/23 6:54 ~ 9/23 4:28
1989	8/23 12:46 ~ 9/23 10:19
1990	8/23 18:21 ~ 9/23 15:55
1991	8/24 0:13 ~ 9/23 21:47
1992	8/23 6:10 ~ 9/23 3:42
1993	8/23 11:50 ~ 9/23 9:21
1994	8/23 17:44 ~ 9/23 15:18
1995	8/23 23:35 ~ 9/23 21:12
1996	8/23 5:23 ~ 9/23 2:59
1997	8/23 11:19 ~ 9/23 8:55
1998	8/23 16:59 ~ 9/23 14:36
1999	8/23 22:51 ~ 9/23 20:30
2000	8/23 4:48 ~ 9/23 2:27
2001	8/23 10:28 ~ 9/23 8:05
2002	8/23 16:18 ~ 9/23 13:55

石井ゆかり（いしい・ゆかり）

ライター。星占いの記事やエッセイなどを執筆。

12星座別に書かれた「12星座シリーズ」（WAVE出版）は、120万部を超えるベストセラーになった。『月で読む あしたの星占い』（すみれ書房）、『12星座』『星をさがす』（WAVE出版）、『禅語』『青い鳥の本』（パイインターナショナル）、『新装版 月のとびら』（CCCメディアハウス）、『星ダイアリー』（幻冬舎コミックス）ほか著書多数。

LINE公式ブログで毎日の占いを無料配信しているほか、インスタグラム（@ishiiyukari_inst）にて「お誕生日のプチ占い」を不定期掲載。

毎晩、録り溜めた『岩合光昭の世界ネコ歩き』を30分ずつ見てから寝る。ネコは飼っていない。

Webサイト「筋トレ」http://st.sakura.ne.jp/~iyukari/

参考文献

『完全版 日本占星天文暦 1900年－2010年』魔女の家BOOKS
『増補版 21世紀占星天文暦』魔女の家BOOKS ニール・F・マイケルセン
『Solar Fire・gold Ver.9』（ソフトウエア）Esoteric Technologies Pty Ltd.

[本書で使った紙]

本文	アルトクリームマックス
表紙	ブンペル ソイル
カバー・帯	ヴァンヌーボV ホワイト
別丁扉	タント L-67
折込図表	タント R-11

すみれ書房
石井ゆかりの本

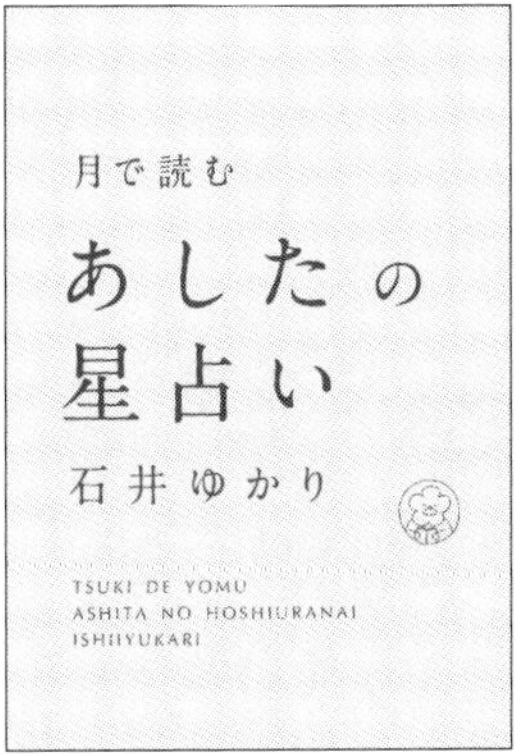

月で読む　あしたの星占い

定価 本体1400円＋税
ISBN978-4-909957-02-3

簡単ではない日々を、
なんとか受け止めて、乗り越えていくために、
「自分ですこし、占ってみる」。

石井ゆかりが教える、いちばん易しい星占いのやり方。
「スタートの日」「お金の日」「達成の日」ほか12種類の毎日が、2、3日に一度切り替わる。膨大でひたすら続くと思える「時間」が、区切られていく。あくまで星占いの「時間の区切り」だが、そうやって時間を区切っていくことが、生活の実際的な「助け」になることに驚く。新月・満月についても言及した充実の1冊。　イラスト：カシワイ　ブックデザイン：しまりすデザインセンター

3年の星占い　乙女座
2021年－2023年

2020年12月10日第1版第1刷発行
2022年 1 月26日　　　第6刷発行

著者
石井ゆかり

発行者
樋口裕二

発行所
すみれ書房株式会社
〒151-0071　東京都渋谷区本町6-9-15
https://sumire-shobo.com/
info@sumire-shobo.com〔お問い合わせ〕

印刷・製本
中央精版印刷株式会社

ISBN978-4-909957-12-2　Printed in Japan
NDC590　159p　15cm